WEST VANCO

6/00
29.95

Withdrawn from Collection

La Extranjera

Rafael Pérez Estrada

La Extranjera

ESPASA

ESPASA ℮ NARRATIVA

Directora de la colección: Constanza Aguilera
Editora: Loida Díez

© Rafael Pérez Estrada, 1999
© Espasa Calpe, S. A., 1999

Diseño de la colección: Tasmanias
Ilustración de cubierta: *Mujer sedente en la playa,* Juan Manuel Díaz
Caneja, 1946. Colección Arte Contemporáneo, Madrid
Realización de cubierta: Ángel Sanz Martín
Foto del autor: Prensa Española, ABC

Depósito legal: M. 45.490-1999
ISBN: 84-239-7969-5

Reservados todos los derechos. No se permite reproducir, almacenar
en sistemas de recuperación de la información ni transmitir alguna parte de esta
publicación, cualquiera que sea el medio empleado —electrónico,
mecánico, fotocopia, grabación, etc.—, sin el permiso previo de los titulares
de los derechos de la propiedad intelectual.

Espasa, en su deseo de mejorar sus publicaciones, agradecerá cualquier
sugerencia que los lectores hagan al departamento editorial por correo
electrónico: sugerencias@espasa.es

Impreso en España/Printed in Spain
Impresión: HUERTAS, S. A.

Editorial Espasa Calpe, S. A.
Carretera de Irún, km 12,200. 28049 Madrid

A Esteban, mi hermano, mi amigo

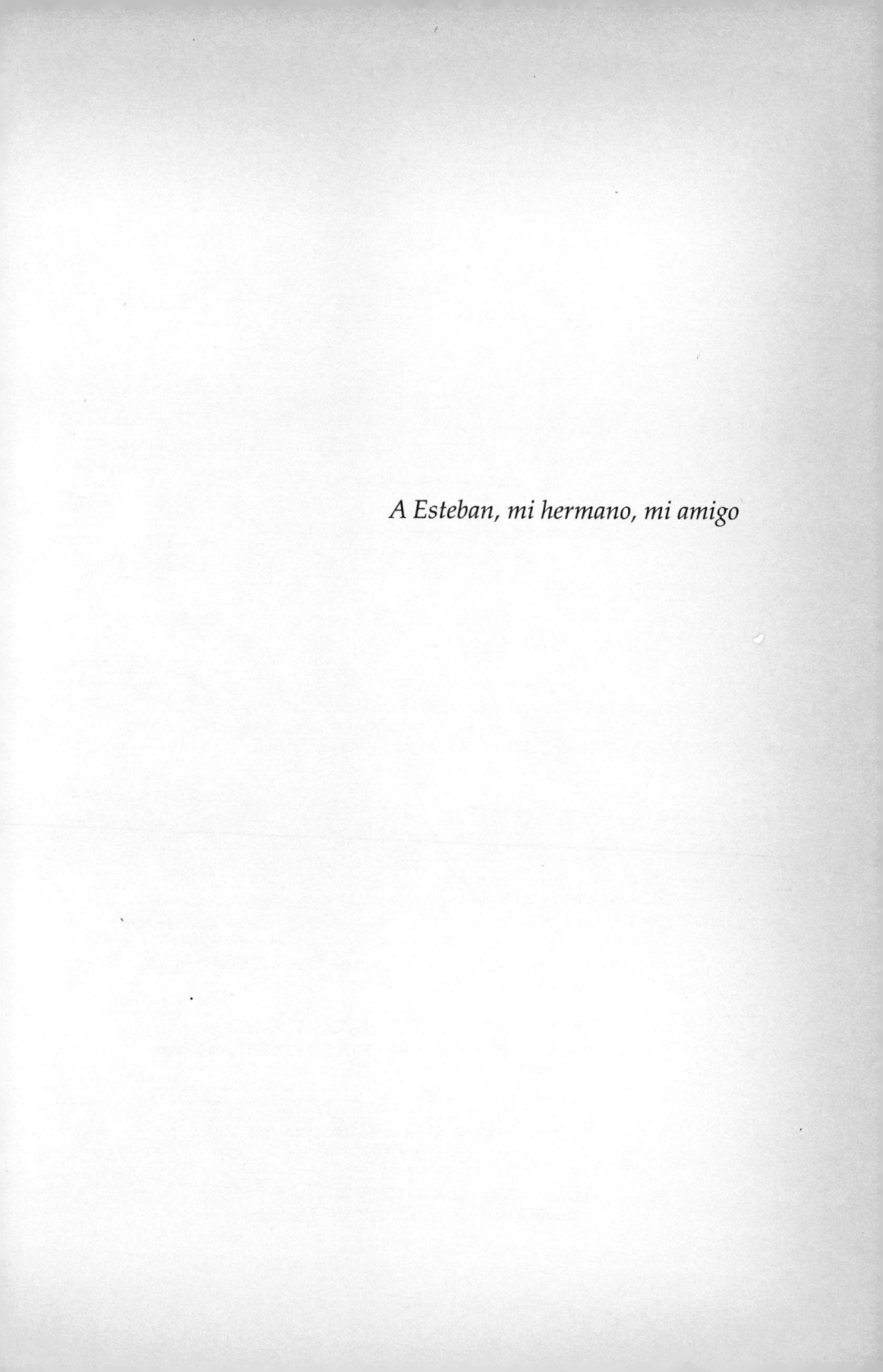

I

Lo supe una madrugada por un programa de radio: los delfines mueren ahogados en el mar. Viejo o enfermo, perdida toda fuerza, el mamífero no puede dar el salto que llenará sus pulmones de aire y sucumbe en las profundidades oceánicas. Un final terrible para toda una especie. Hablaron sólo de delfines, pero supongo que será una regla extensiva a todos los cetáceos. Después de dicho esto, la voz didáctica y radiofónica, tras hacer hincapié en la función de radar con que la naturaleza ha dotado a estos mamíferos, dijo que ahí, en el miedo a morir ahogado, está la razón que justifica la ayuda de estos seres a los náufragos. Viendo tambalearse mis fuertes convicciones mitológicas —la salvación del nadador por la pasión selectiva del animal—, apagué la radio y me zambullí en el sueño.

Mis sueños ni son satisfactorios ni nado bien en ellos. Diría más: estoy muy descontento de mis sueños.

Tengo visiones borrosas, inconcretas, de difícil explicación y a las que ni siquiera puedo manipular para hacer de ellas un argumento interesante con el que lucirme en las reuniones de los sábados. Toda mi vida he tenido que inventar los sueños que cuento. En este trabajo de creación onírica he pensado que, si fuera factible, yo estaría en condiciones de montar una empresa productora de visiones nocturnas. Sueños como vídeos. Incluso tendría un cuadro de actores que ofrecer a mi clientela. La mayoría de mis sueños inventados giran en torno a una muchacha creada a imagen de mi propio deseo que, debo reconocerlo, tiene éxito entre mis amigos cuando, al caer la tarde, en la inercia imaginativa y contagiosa del alcohol, mi preciosa Greta se coloca en el lugar principal de mis narraciones.

Pienso en delfines porque pienso en el Peñón del Cuervo, una zona apenas sin importancia mas de cierto valor emocional para mis amigos y para mí mismo.

Lo más curioso: el nombre del peñón no parece estar justificado por la presencia de cuervos. Jamás vi un cuervo volando entre las gaviotas y las pagazas que se refugian en la timidez sin vértigo de su altura. He tenido otras visiones. En cierta ocasión me decidí a escalarlo. Cuando estaba dispuesto a lanzar un grito de triunfo, o a pronunciar cualquiera de las exclamaciones latino-heroicas aprendidas en el liceo, la visión de un basurero en la cima del peñón me hizo abandonarlo, entregándome desde entonces a contemplar su silueta desde esa distancia que da a los paisajes aspecto de tarjeta postal.

Tampoco hay ni pasan delfines por el Peñón del Cuervo; sin embargo, gozo, y mucho, evocando los aspectos mitológicos de los seres irracionales. Me gusta el nombre y me gusta vivir cerca del Peñón del Cuervo.

Pero en términos de entendimiento popular, el Peñón es más que un simple accidente geográfico, es, ante todo, una playa, una playa mediterránea que parece estar ahí únicamente para dar sentido de vigía, de vigilancia al peñón; y es también una barriada de pescadores, un submundo. En él, el tiempo parece sostenerse durante siglos de miseria sin variación alguna porque no es, en términos de sociología moderna, un lumpen, sino un territorio extraño a cuanto no sea la aceptación de un fatalismo que el mar, al que sirven sus pobladores, marca ola a ola. Y más lejos, tras la carretera que se ciñe a la playa y llega a cercar el barrio de los pescadores, están las villas de siempre.

Este hábitat se produce en la cordialidad de unas reglas que responden todas ellas a la manera correcta de cómo entiende la burguesía el comportamiento entre vecinos. El poder de los habitantes de esta zona se mide por el de sus edificaciones, por la extensión de los jardines y por el tamaño de sus rosas, medida esta última que no responde a una especial sensibilidad poética, sino a un índice de riqueza, la inversión en abono y la dedicación laboral (traducida a salario) de los jardineros en la poda de diciembre. Sus pobladores lo ignoran, pero ellos están —a través de extraños y ocasionales intereses económicos que acabarán desbordados por la codicia hecha inflación— produciendo un cambio en un ámbito hasta hace muy poco ignorado por quienes, en una u otra banda, habitan el todo que llamamos Peñón.

Por último están las nuevas villas, falsos palacetes en los que se asienta apresurada una extraña población que viene huyendo con su riqueza a cuestas de una guerra que no sólo está destruyendo Europa, sino poniendo fin a un modo de existencia en el que el capricho, el exotismo y la tiranía de unos pocos acabó por marcar en el viejo continente los movimientos circulares de un vals agónico. En estas construcciones hoy viven judíos que ocultan su raza e identidad y que, deseosos de retornar a la diáspora (los judíos del Peñón ni se reconocen judíos ni quieren saber nada del sionismo militante que sueña con el Estado de Israel), ni siquiera deshacen las maletas.

También hay que señalar, antes de cerrar este inventario, una anécdota sombría que en los días nublados, sólo en esos días, parece pesar sobre el Peñón del Cuervo. Se trata de la Casa Alta, un edificio antipático que, convencional, pretende ser un lujoso sanatorio para enfermos mentales.

Lo que no es el Peñón, es decir, el resto del mundo, lo constituye la ciudad, un lugar lejano e incómodo unido al paisaje de mi existencia por un tranvía asmático que suele, en los inicios del verano, traer a la playa a los bañistas mañaneros; los otros, los verdaderos veraneantes, deben llegar a la ciudad en el viejo tren. El trayecto que une el Peñón a la ciudad suelen hacerlo en coches de caballos a los que siguen las bateas de las mudanzas.

Todos los veranos, la burguesía de las villas de siempre espera codiciosa la llegada de los veraneantes, bien para tomar nota de cómo funciona el mundo extraño al Peñón, bien para informarse de los acontecimientos frívolos que consumen la curiosidad de esa Europa cuyo nombre nunca llegará a tener aquí un significado concreto. Este verano, el rumor, la historia de moda, la protagoniza un ser extraño a nuestras vidas, una cómica parisina, Cecile Sorel.

Vista desde la distancia, la playa y su gente configuran un curioso ceremonial. Basta observar la conducta casi siempre hierática o pasiva de los frecuentadores de playas (no me refiero al comportamiento del hombre ante el mar) para advertir que, tras unos instantes de meditación o de vertiginoso entretenimiento, se comportan como insectos en el camino hacia la metamorfosis y, al fin, suelen jugar a la quietud definitiva. Cierta siniestralidad propia de toda víctima les hace disfrutar con la idea de ser cubiertos de arena. Hasta los niños, desconocedores del drama de la muerte, tienen una disposición genética a los ritos funerarios, al juego de la soledad, y alzan y destruyen castillos y acaban por enterrarse como príncipes de una insólita dinastía egipcia cuyas pirámides estuvieran construidas sólo con el vuelo de las aves marinas.

Sí, ¡claro que hay vida! La vida se enreda y desenreda en los que se abrazan frente al mar, en aquellos que buscan la claridad de las aguas nocturnas para hacerse cómplices de las mareas y en los niños que, aun deseando ser pájaro o ser ángel, deben contentarse con mirar en la intensidad cobalto el ir y venir de las cometas y sus colores de papel.

El sol, la acción del sol es más sofisticada, produce un estado de somnolencia que invita a la molicie. Es como si su energía quisiera perpetuar en piedra las figuras que, frente al mar, se saben libres de obligaciones. He conocido casos de demencia producida por la conjunción de tres elementos: sol, brisa y playa. También el Peñón del Cuervo es el territorio de la locura que se pretende singular, distinta. He aquí un caso: se trata de una joven muchacha. Todas las mañanas acude al Peñón. Ya en la arena, es decir, frente a la vista del peñón, se acuclilla, remueve la tierra y, cuando ha conseguido un espacio suficiente para cubrirse en parte, adopta el movimiento —ha visto tantas veces hacerlo a las gaviotas— del ave que va poner un huevo. Ella perseverará en su ilusión día tras días hasta que, una tarde cualquiera, en vez de dar el salto y pasar al otro lado del horizonte, rebasará el límite en el que la lógica ha escrito: Aquí termino yo, aquí empieza la enajenación.

Carrusel de la comedia humana, la gente que acude a este entorno es mucha y variada, diversidad que va desde lo excéntrico a la vulgaridad mínima (no hay vulgaridades máximas). Una francesa extravagante y loca ha fabricado, con ayuda de unos modistos protegidos, un espantapájaros. Se trata de un maniquí, un varón de mirada sedosa y pestañas larguísimas, quizá para retener el vuelo de los pensamientos que le llegan de todas partes. Este caballero de cartón piedra, dice la amable francesa, impedirá que acudan a la playa, «nuestra playa», esa peste de nuevos burgueses que infectan de estupidez y aburrimiento los mejores rincones que la naturaleza nos concede. Y cuando nadie la oye se atreve a más: El mundo es mío, suspira excluyendo todo plural posesivo. Me alarmo: los burgueses empiezan a negar el pan y la sal a los burgueses.

Uno de los más interesantes especímenes del Peñón del Cuervo es el poeta:

—Mi tío, el poeta, el loco —nos dice su sobrino y único lector—, estaba hace unos días aquí mismo contando nubes y gaviotas, siempre en líneas impares, cuando sintió la necesidad de refrescar la vista. Abandonó la contemplación de los cielos, abandonó el número impar de aves y se fijó en la transparencia de las aguas. Una medusa inmensa procesionaba la blancura opalina de su línea acampanada a la vez que el fuego de los filamentos, una cola interminable (el pavo real de los fondos marinos, había proclamado el poeta, un vicioso de metáforas irregulares). Mi tío, aun conocedor del riesgo que corría, no lo dudó y, lanzándose al mar, se abrazó a aquel delirio estético hecho de gelatina y agua. Minutos después unos pescadores lo recogían. Ahora está escribiendo una oda a la luz submarina con olvido de la gravedad de sus quemaduras.

No, no fuimos a verlo, intuimos que toda aquella historia era sólo la crónica de una irrealidad compuesta apresuradamente por un sobrino hastiado.

La medicina del espíritu, en una extraña reconciliación con el determinismo, empieza a interesarse por los territorios de la locura. El Peñón del Cuervo es muy sensible a los atardeceres, en ellos parece emitir efluvios que contagian a sus habitantes del suave mal de la melancolía. Los atardeceres en el Peñón duelen, traen difusos recuerdos y acaban por invadirnos de extrañas nubes que sólo el alma percibe.

No todos los días frecuentan la orilla del Peñón. Presiento que una regla establece el ritmo de las visitas. Suelen acudir en grupos compuestos por seis o siete jóvenes. Parecerá extraño, pero por mucho esfuerzo que haga no puedo establecer el número exacto de sus componentes. En cambio sí me es fácil detallar su particular liturgia, su singular manera de relacionarse con la playa.

Nada más bajarse de las bicicletas, de abandonarlas a un pedaleo de inercia en la arena, se colocan frente al mar. Están quietos, y dan la impresión de esperar. De vez en cuando uno de ellos consulta una guía marina y murmura algunas palabras a los otros. De repente parece cumplirse el motivo de tanta expectación, y en el horizonte un barco corta las aguas, majestuoso, dando al aire el ronco poder de las chimeneas. Ante la visión, estos seis o siete jóvenes se cuadran e inician un vaivén de saludos al viento. Me recuerdan imágenes lejanas de tierras de labor, del paso de los trenes por los campos de cultivos, de los trabajadores enviando saludos a quienes no sólo no conocen, sino que puede que jamás lleguen a conocer.

He observado el rostro de los saludadores y descubro cierta tristeza, la expresión que hace guardia permanente en estaciones, puertos y aeropuertos. Efectivamente, ese barco, navegando cerca ya de la raya mágica del horizonte, no es un barco venido de La Habana lleno de sorpresas, es una nave en la que parten, rumbo a lo incierto, personas muy queridas. Y cuando creo que los saludadores están a punto de llorar, inexplicablemente sus gestos y comportamiento cambian. Se les ve distendidos. Se empujan entre ellos, juegan y se entretienen con rebuscados pasatiempos (así al menos los considera el observador). Así transcurren las horas, ellos en sus repeticiones; yo, observándolos.

Mas no es la ceremonia de adioses y saludos lo que justifica tanta atención de nuestra parte. Los visitantes, estos seis o siete muchachos, vuelven a abandonarse a la observación. Decididamente no es el barco lo que les atrae. Miran al mar, y lo miran con brutalidad y deseo. Con un deseo que en principio es confuso. Poco a poco su posición cambia, y estos jóvenes recuerdan en su proceder la voracidad de arcaicos cazadores. Cierta inclinación hacia la poesía me hace verlos como depredadores de brillos; no obstante, cuando la oscuridad priva de sombras a la playa, descubro en su actitud analogías con la ferocidad de los perros sedientos. Corren de un lado a otro en línea paralela y asustadiza a las olas. Temen al mar, temen a la espuma del mar, temen al líquido elemento. Aunque parezca mentira, uno de ellos ladra. De inmediato, los otros lo imitan. Al fin cesan los ladridos. Al poco adoptan, y durante un buen rato, la postura del mastín en el instante de levantar la presa. Cuando todo parece haber decaído, uno de ellos, arrastrándose por la arena, llega a la orilla, saca la lengua y lame con avidez. Un suceso espantoso, pues el que así bebe lanza un lamento de asco rechazante que sus compañeros corean, y sin cambiar palabras ni ladridos entre ellos huyen del lugar como cachorros apaleados.

Los pescadores dicen que son los hidrófobos de la Casa Alta. No sé, todo esto parece muy raro. Sé del temor que sienten hacia toda clase de líquido, especialmente hacia el mar. Cuando logran vencer su rabia, el dolor que les atenaza se transforma en voluntad destructiva. Entonces atacan furiosos a las medusas que el mar arroja fuera de sí. Es un espectáculo siniestro verlos devorar el centelleo de unos hidrozoos cuyas defensas urticantes los van abrasando. Al poco, los rostros aparecen cárdenos e hinchados y los ojos se descuelgan hasta semejar ellos también medusas. Nunca los he visto de uno en uno, ni tampoco en otro sitio que no sea el Peñón del Cuervo. En cierta ocasión sí, en cierta ocasión apareció uno solo con un trofeo en las fauces.

II

Fue la tarde en que, por un error, un autobús de turistas desembarcó en la playa. Era gente empeñada en ser y confundirse con la obra de Duane Hanson, uno de los creadores del espantoso hiperrealismo norteamericano. Fueron tomando posiciones estratégicas en cada punto de la bahía que acuna el Peñón y, cuando se cansaron de fotografiar unas olas desacostumbradas a ser protagonistas, con un gesto de asco desaparecieron.

En ese día ocurrieron demasiados sucesos y todos con anterioridad a la visita del disidente a la playa.

Tratábamos unas veces de matemáticas y otras de metafísica, realmente el mismo asunto. Siendo como era el General un anarquista *sui géneris* (ni un terrorista ni un místico) gozaba de un sentido regular del orden, y había llegado a sustituir cualquier cuestión trascendente (de esas que sólo conducen a la ofuscación y el sofoco) por una meditación tranquila sobre la armonía numérica. El General y yo sentíamos una inmoderada debilidad por los números, especialmente cuando el discurso que regularmente manteníamos sobre ellos se realizaba sobre un fondo de gin-tonics. Dos gin-tonics son necesarios para patinar con agilidad, para deslizarse con fluidez en la pista infinita de los números infinitos.

El General hacía casi siempre de maestro. Por mi parte me limitaba a poner la aplicación y el entusiasmo en sus aciertos axiomáticos. Incluso en más de una ocasión, sin pudor alguno, irrumpí en aplausos ante la belleza sutilísima de un teorema desconocido para mí. ¡Deberíamos comunicarnos por teoremas! Entusiasmarme es propio de mi temperamento, estado en el que, a su vez, mi espíritu se mueve con atrevida facilidad. El problema surgió el día, precisamente la tarde de la que hablo, cuando el cero intervino como un signo perturbador que quería servir para más de lo que había sido diseñado. Recordé a Seferis, la tragedia de las matemáticas: Cualquier número multiplicado por cero, dará como resultado también cero.

—Tampoco a Aristóteles —se apresuró el General— le agradaba la idea y el significado del cero. Con frecuencia las matemáticas nos sorprenden con problemas ciertamente inquietantes —precisó con un aire marcial, infrecuente en él, aunque en esta ocasión resultaba apropiado.

Fue en ese momento cuando pasó ante nuestra mesa la pareja de extranjeros. Casi todas las tardes los veíamos bajar desde el montículo que oculta en parte el tenebroso exterior de la Casa Alta seguidos por un divertido y neurótico fox terrier que, más que perro, parecía la idealización simpática de un personaje de Dickens.

Pese al interés que despertaba en mí aquella pareja seguí con atención las explicaciones del General. Trataba mi amigo, desde la plataforma desapasionada de la aritmética, de la intolerancia y sus efectos. Ni siquiera Pitágoras fue ajeno a la deificación de los números. El descubrimiento de los «irracionales» supuso para el filósofo una sorpresa y una incapacidad para su aceptación.

—Por ello, cuando Hipaso de Metaponto, el discípulo aventajado, siguiendo las investigaciones del maestro descubrió la existencia (se le había ocultado) de los números irracionales, el mismo Pitágoras le hizo matar.

Eché de menos que la realidad no se valiera de la música, de ráfagas musicales para subrayar la importancia de lo sucedido. El General, me dije, ha debido solemnizar el gesto y la voz al decir estas cosas. Al pensarlo descubrí a mi subconsciente conspirando para hallar una liturgia adecuada a los números.

—Evidentemente debo convenir contigo que es (la realidad) un tanto insípida.

Vi tambalearse la paloma hasta caer insegura cerca de nuestra mesa. Algún problema físico le impedía volar.

—Está averiada —dije en voz alta queriendo presentar el hecho de manera concisa y bélica.

En lo sucesivo trataría a la paloma como si fuera un avión, concretamente un biplano. Desde mis juegos de niño me han gustado los biplanos con sus alas de lona y las banderas concéntricas como las dianas de los *pub*s ingleses.

Inseguro, me dirigí al joven camarero que nos asiste en nuestros encuentros de números y gin-tonics:

—¿Le sería posible intervenir? —le hablaba en tanto que, con un gesto rebuscado de cansancio, señalaba a la desdichada paloma.

—No pretenderá —murmuró lo suficientemente claro para ser entendido— que les sirva los gin-tonics, que memorice sus preferencias respecto de la ginebra, que les retire el cenicero y también el servicio, que les cobre, cambie y traiga la vuelta, que me resigne ante una propina sobre cuya importancia jamás estaremos de acuerdo, y que encima me ponga a enseñar a volar a una paloma «averiada». Me es imposible: No sé volar.

Quedé perplejo. Durante todos estos meses había estado supervalorando a un muchacho que, salvo tener varices como todos los camareros, no tenía más mérito que cierta buena mano a la hora de servir gin-tonics.

—Créame, Salvador, es muy fácil. Bastará con que se suba a una silla y desde allí arroje esa estúpida ave hacia el cielo. El resto correrá de su cuenta.

Ni siquiera me sorprendí cuando aquel necio muchacho, sin prestarnos más atención, se refugió en la barra, trinchera de todos los camareros.

—Vamos.

Me levanté y seguí a mi amigo y maestro. Detrás de nosotros dejábamos una paloma indefensa, un desperdicio de números pendientes de ordenar y el rencor de un joven maleducado.

Y ahora, en la boca del disidente, el más loco de los hidrófobos, la paloma muerta invitaba a una humilde meditación sobre la gravedad y sus triunfos.

—Si la entierra —fue una idea absurda— dentro de unos días renacerá en forma de vilano.

Aquella idea y su carga poética me llenaron de indignación. Repentinamente tomé un guijarro de la orilla y lo arrojé con fuerza contra aquel ser cuya locura lo había rebajado al comportamiento animal.

Hasta aquel día, habíamos actuado con absoluta indiferencia ante el grupo (nunca llegaré a saber si son seis o siete sus componentes); es más, se diría que, tanto ellos como nosotros, teníamos miedo a interferir en nuestras zonas de acción y nuestras costumbres. La reacción del disidente fue una sorpresa. Hubiera deseado su ataque, una justificación suficiente —tal era mi indignación— para romper sobre su cuerpo enfermo y enemigo el poder de la furia, y tenía que contentarme con verlo huir hacia arriba, hacia la Casa, siempre hacia la Casa Alta.

Abandonó la presa que, estúpido de mí, me apresuré a recoger. Durante unos minutos, sin apenas darme cuenta, tomándola de los extremos de las alas, la zarandeé para dar la impresión de un nuevo vuelo, el vuelo de la muerte; al fin, cansado, la arrojé lejos de mí y, ya en el aire, logré darle un puntapié. Más gaviota que paloma, se confundió en el mar.

Estaba a punto de marcharme, de sentir el peso de un próximo despertar lleno de angustia y fracaso, cuando el General se me acercó. Se diría que iba a ofrecerme un número secreto, el mirlo blanco de todas las matemáticas, pero no, me preguntó: Qué haces. Sólo me preguntó qué haces.

Resumí la historia en el sin sentido de algo que no llegaba a ser una explicación:

—El guijarro le ha dado. Estoy seguro, tiene sangre, unas gotas de sangre en el parietal derecho.

Apenas hablé durante la mañana. La idea de un ser alado incapaz de alzar el vuelo me conmovía de un modo inexpresable. Nuevamente el mito me acorralaba: la metáfora de un ángel arrastrado por una calle sórdida y su mirada de súplica fija en alguien repentinamente ciego. El ángel, analógicamente a quien en las visiones nocturnas —lo he leído— no puede correr, tampoco podía hablar, gritar, pedir socorro en esta terrible metáfora de la muerte del ángel que ya lo invade todo.

Me hubiera gustado conocer si a mi acompañante el suceso le había impresionado tanto como a mí. Permanecí callado. De una manera extraña y complicada, patológica (no me avergüenza decirlo), hubiera tenido celos —caso de ser la respuesta afirmativa— de alguno capaz de sentir tan hondamente la emoción por mí sentida.

La noche —lo he consignado ya en estas páginas— me ha negado el delirio de los sueños. Ninguna imagen, ninguna trama, ni siquiera la modestia de un deseo no confesado ha ocupado el tiempo de mis noches. Mas la realidad me ha sorprendido a menudo compensando esta falta, esta ausencia de visiones nocturnas, con la repetición de actos que, en su acontecer, tuvieron un especial significado o me causaron desazón.

Dejé la playa. Estaba seguro: pájaros y aves sucumbirían con frecuencia en los días venideros.

III

Había olvidado su verdadero nombre, pero no importaba, porque él, de seguro, de tanto llamarle Freud no se habría reconocido en su nombre y menos aún en sus apellidos. Miraba, pero sin interés, el trabajo de los pescadores, los técnicos y los voluntarios en torno a aquel monstruo de acero. También la heterogénea población de El Peñón y sus alrededores (fuera de toda costumbre, doña Carla y los parroquianos de *La sirena azul* habían acudido a ver el espectáculo, abandonando por una vez la ciudad). No es frecuente recuperar un cocodrilo, dijo uno refiriéndose al submarino alemán de la Primera Guerra, para destriparlo a plena luz y descubrir qué ha pasado en su interior al cabo de los años. Otro, muy esmerado en el arte de hablar, añadió: Me imagino el nerviosismo de Howard Carter y lord Carnarvon al penetrar en la tumba de Tutankamón (la egiptología era, en aquellos años, una moda asfixiante). Los otros, la masa de curiosos, empezaron a adquirir un aspecto oscuro y compacto no del todo agradable, más aún cuando, para situarse en primera línea, se empujaban sin ningún miramiento. El aspecto estrafalario de doña Carla y su gente mantuvieron durante toda la observación cierta identidad, no individualidad, pues a su manera el grupo se hacía masa, distinta del resto del público, pero también masa. Unos orientales, protegiendo a un hombrecito también oriental, probablemente chino, al que parecían deberle respeto, destacaban como un color agrio en la paleta de la playa recién amanecida; y también el párroco, no por su sotana manchada de sudor que, al secar, la bordeaba de blanco, sino por la voz gritona y exigente clamando por los cuerpos que el cocodrilo guardaba en su panza. Parecía que, tras aquella exigencia montada en palabrería inútil y barroca, quisiera decir: Eh, cuidado, los muertos son asunto mío. Entre los técnicos nadie le hizo caso, como tampoco el público allí reunido prestó atención al poeta. Recién abandonada la clínica recitaba, histriónico, un poema alegórico a Jonás y su ballena.

La aparición del viejo submarino se asociaba fácil a las fotos de cetáceos que, inexplicablemente, pierden los signos que señalan en los océanos sus rutas secretas y acaban varados en cualquier playa. También aquella mole cubierta por una tupida floración de algas, moluscos y corales parecía la muestra gigantesca de una lata de conserva. Y este símil tenía cierta lógica, pues, en el interior del monstruo, como figuras preparadas para un viaje eterno, la marinería reposaba ordenada y marcial. Días más tarde se comentaría entre la gente del Peñón el resultado de una minuciosa investigación forense:

ante una agonía terrible, uno de los mandos de la nave había disparado a los submarinistas, y, por el modo en que se encontraban los cadáveres, podía asegurarse que las víctimas habían aceptado, como razonable, aquel final.

Libres los cadáveres de la voracidad de los peces, los cuerpos de los submarinistas, nada más aparecer, produjeron asombro entre el público. La carne había perdido su textura para convertirse en una gelatina de extraña opalescencia que brillaba tornasoles al esplendor de la mañana: Oh, exclamó súbito el poeta de nuestras pesadillas, asociando el aspecto de aquellos alemanes con la medusa que días atrás le había seducido.

De inmediato dejé aquel sitio. El olor, sin ser desagradable, tenía un punto añejo de humedad fácilmente asociable a la tristeza. Era el olor típico a biblioteca abandonada; a iglesia en la que el polvo se fuera acumulando y la luz, salvo la disfrazada de colores por el lujo de los vitrales, no se atreviera a su interior; olor a casa de anciano y a ropa de anciano; a siempreviva y a camisas guardadas cerca del mar. Un olor que inclinaba el ánimo de quien lo sufría a una densa tristeza difícil de remontar. De inmediato me encaminé a la *Reina Astrid*, la repostería belga de tanto éxito en la costa. La claridad mediterránea en nada podía paliar la sensación de desagrado. La brisa aventaba los efluvios del viejo cocodrilo. Desde la lejanía vi cómo Freud, gesticulando, se apartaba de la concurrencia, mientras que otro tanto hacían los chinos. Me divirtió ver como el joven, aquel que yo llamaba el hombrecito, apretaba a su nariz un pañuelo que presumí perfumado. Al amparo de la confitería me protegí del aire putrefacto que poco a poco invadía el ambiente.

Si el olor fuera un objeto, me atrevería a calificar de fetichismo mi dependencia de ciertos olores, especialmente de aquellos que no llego a reconocer del todo y, sin embargo, sé que alguna vez en mi vida estuvieron asociados a situaciones muy especiales. La simpatía hacía los efluvios de la *Reina Astrid* nada tiene que ver con la dependencia y misterio a que acabo de referirme. Es mucho más extravagante, pues, a la adicción olfativa, se añade la necesidad de que la atracción se produzca en un pequeño espacio.

La sorpresa de un ascensor ocultando en su caja de madera el vaho de un perfume, un perfume que intuyo y del que sólo tengo una borrosa memoria, es un reclamo suficiente que, de seguro, terminará causando alarma general no sólo en el olfato sino en los otros sentidos.

Sí, las huellas de un perfume reprimidas en un espacio tan reducido se convierten en mi caso en una trampa mortal. Es como si hubiera caído en el cono de la hormiga leona, y ésta estuviera a punto de alcanzarme con sus pinzas letales. Un placer de muerte, un enigma. La melancolía ha acudido inmediata siempre que en un ascensor se ha repetido la experiencia. A veces me siento como un romántico obsesivo que hiciera depender el hilo de la felicidad de una anécdota insignificante. Amo a esa desconocida que deja el rastro de un perfume cuya identidad se me escapa. Nunca llego a verla, la fragancia es la única prueba que de ella se me concede. Cuantas veces esto ocurre, nada más descender el ascensor, me dirijo al portero de la casa: ¿Ha visto salir a una señora exquisitamente perfumada? (prefiero decir exquisita, término que el portero, sorprendido por la pregunta, parece no querer entender). Una pasión secreta me domina.

Una experiencia infantil debe tener relación con toda esta manía de efluvios, vahos y fragancias, que me hacen permanentemente víctima de una mujer que huye. Y que me obligan, con escándalo y molestia de empleados y dependientas, a pasar tardes completas solicitando muestras y vaporizaciones de esencias y colonias en las escasas perfumerías de la ciudad.

Tras un análisis riguroso —he contado con el asesoramiento de un psicoanalista argentino— llego a la conclusión de que este suceso es el desencadenador del delirio que tantos momentos de placer me produce, para arrojarme de inmediato a la desdicha de lo imposible.

Hablaba sin cesar, dispersa, sin interés alguno en lo que decía, impidiendo, desde una seguridad injustificada, cualquier otra avanzadilla en la conversación. Estaba hecha —y le gustaba— para el monólogo. Entonces, el niño pensó: Es la ocasión pintiparada para practicar el experimento. Avanzó, pies de indio, hacia la gesticulante y de un golpe le clavó, puntillero de una tarde de familia, un alfiler negro en el centro de un peinado hecho de postizos, pocos pelos y mucho tinte. La mujer se levantó, los brazos en Guernica y el alarido manchando las paredes de amenazas. Como un toro al que se le ve la muerte, iba de un lado para otro del saloncito. Los allí presentes, la sufrida pero correcta audiencia, sin ponerse de acuerdo, se dividieron en dos grupos: uno se dedicó a calmar —imposible— a la oradora; otros, a arrastrar al pobre niño decepcionado (el experimento, fallido, no había convertido a su tía, ¡era su tía!, en un precioso macaón, el más grande y luminoso de todos los lepidópteros, una mariposa afortunadamente muda) a esa habitación prevista en todas las casas donde hay niños, centro corrector al máximo, que suele llamarse cuarto oscuro.

La memoria de las consecuencias de la metamorfosis fallida es más clara, más concreta. Estoy castigado en una pequeña habitación donde se guarda la ropa de abrigo de las visitas. Se amontonan, naturales o de imitación, las martas cibelinas, el visón (con el collar de perlas y un traje sastre de líneas muy severas, indispensable en la estética americana y en la industria del cine), el astracán, el mouton. También hay extraños zorros plateados con las patas acabadas en una taxidermia real que asusta. Aunque a simple vista sólo pretenden hacer manitas, cuando la moda diga, sobre los abultados senos de las damas de aquellos años. Tomo una de esas extremidades y la paso por mi rostro para asustarme, para desviar, creando un miedo nuevo, el temor que tengo de estar ahí encerrado. Mas mi miedo es agudo —no claustrofóbico— terror a las tinieblas. De pronto percibo el perfume. El lenguaje más barroco me permitiría decir que tenía aquel olor un vaho de brevedad, de poema japonés trazado en la magnificencia de un seno que poco a poco se convierte en manzana.

No conoce el niño metáforas ni símiles para nombrar el placer. Pero en ese instante, como una revelación, empieza para él el reconocimiento de la propia carne, primer paso que le preparará para otras aproximaciones y aventuras en las que el yo habrá perdido todo protagonismo. Después lloró de un modo extraño hasta quedar dormido. Más tarde, casi sin darse cuenta, inventó un sueño: entre los abrigos había visto morir a una paloma negra. Nadie le hizo caso hasta que, a los pocos días, el mal olor en un cuarto de tanta elegancia delató la máquina ya inútil para el vuelo, para la primavera, para la respiración y para salir de aquel sitio de una paloma muerta y seca.

IV

Si alguien me preguntase por el deseo de mis preferencias, sin dudarlo respondería: Soñar con el mar. Pero no sueño. En raras, muy raras ocasiones, al despertar presiento que un ave gigantesca ha cruzado la geografía que ocuparían mis ensoñaciones si tuviera ensoñaciones. No sueño con el mar, por ello hay mañanas en que me despierto con la angustia de ser —un absurdo— el desposeído del mar. De niño tenía ocurrencias muy extrañas. Me recreaba horas y horas pensando en la posibilidad de construir un espejo, una máquina catóptrica de enormes dimensiones. Hecha, la colocaría frente al Mediterráneo, y yo, así lo exigía el delirio imaginativo, galoparía sobre un caballo, el caballo de Aquiles, entre el espejo y su reflejo. También me gustaba pensarme saltimbanqui caminando, danzando mejor, sobre la superficie de las aguas. Me ayudaría de una sombrilla. En su seda, el dibujo de la rosa de los vientos sería el único adorno. Me conmoví cuando un compañero de mi niñez, un soñador empedernido, presumiendo de sus experiencias oníricas me habló de los mares que ocupan la mayor extensión de los sueños. Ninguno de ellos es verde o turquesa, me dijo. Aquel presumido me explicó las tonalidades de sus mares y océanos. Ese mismo día decidí inventar sueños, y el primero estaba ocupado por un mar tan hermoso que sólo tenía parecido con el ala de un arcángel coránico.

Me había despertado muy temprano. A veces sentía un ansia desmedida por ver amanecer. El mar, deshaciéndose en fulgores, encendido por una claridad lejana y horizontal. El mar acuarela. Si cuando me venían esas ganas de echarme a la calle me demoraba, algo me empujaba a saltar del lecho. Si sigo aquí—me decía— alguno se llevará la parte del león y sólo me quedará volver otro día, pero ya no será lo mismo. Y el fulgor del mar seguía entrando por la ventana, ronroneando, insinuando olas, provocador e infinito. Iba directo a la playa. Nada me distraía de mi camino.

Pocas personas tan decididas como Freud en complicarme la existencia. Lo más interesante de este paranoico del deber y la justicia es no llamarse Freud; no obstante, parece contento con usufructuar el nombre del padre del psicoanálisis. Nunca corrige a quien así le llama, y nunca ha rectificado el Freud por su verdadero nombre.

—Dígame, Freud, cuando sea mayor (ya lo es), ¿a qué le gustaría dedicarse? ¿Qué trabajo, oficio o profesión le agradaría ejercer o practicar?

—Seré policía. Estoy seguro, no podría ser otra cosa.

—¿Y qué hará, Freud?, ¿qué hará cuando tenga su gorra o su estrella de policía?

—Indudablemente, haré lo que nadie ha hecho y es necesario hacer.

—Perdóneme, no llego a entenderlo, ¿qué es lo que puede hacer un policía que se distinga como necesario?

—¿No lo sabe?, ¿de verdad ignora un asunto tan importante? Detener a mi familia. El primer acto que realizaré como agente del orden será detener a los míos, llevarlos a comisaría, trasladarlos a prisión y esperar allí hasta que una buena descarga eléctrica los haga papilla. La sociedad, si es como debe ser, sabrá premiarme por ello.

—¡Pero... Freud, si en este país no existe la silla eléctrica! Existen otras crueldades, otras vilezas, pero, ¿silla eléctrica?

—No se preocupe, ya existirá.

No parece necesario seguir con la cuestión, así que continúo el paseo hacia la playa en tanto tras de mí, la voz del pseudo Freud grita: ¡Cuando acabe con esa gentuza y sólo quede de ella un par de perritos calientes, empezaré con la gente de la Casa Alta!

Soy un personaje ocasional para Freud, un desconocido al que encuentra alguna vez en la playa. No recuerda que compartimos los años de la infancia y la lógica de la cordura.

La Casa Alta se ha convertido en una pesadilla para cuantos viven cerca del Peñón del Cuervo.

—Un peñón sin tesoro —me advirtió en cierta ocasión Freud, tal si hubiera visto en mí alguna disposición para descubrirlos.

Puede que este personaje confuso y atrabiliario intuya en mí ciertas actitudes para esta clase de descubrimientos al verme algunas mañanas charlando con los buscadores de monedas y menudencias perdidas por los bañistas; me refiero a esa clase de zahoríes tan de moda en las playas modernas.

Si el General me oyese llamar al Peñón playa moderna desde luego pondría el grito en el cielo y me reduciría en lo futuro a un triste monólogo sobre el mundo inquietante de los números.

Es necesario encontrar una palabra sinónima a personalidad para aplicar a algunos perros. Busco un afín utilizable para aquellos chuchos que se comportan con verdadera personalidad. Sin lugar a duda, el fox terrier es, entre todos ellos, el que actúa de una manera más resuelta. Esta raza se caracteriza por su capacidad para sorprendernos. Tendentes a la neurosis y a los comportamientos excesivos, ningún fox terrier actuará como otro fox terrier. También debo reconocer mi decidida estimación por ellos.

Cuando mi meta está a punto de ser lograda, un fox terrier y su familia (otra incorrección idiomática, lo apropiado sería decir dueños) se interpone en mi camino. No es ésta la única vez. Llegar al mar requiere siempre, si no una gran empresa, al menos una odisea pequeña de esfuerzos y aventuras.

Me he acostumbrado a verlos todas las mañanas. Max, el perro, corretea incansable por la arena acarreando insignificancias materiales a un dueño indolente que parece ignorarlo. También me había acostumbrado a la pareja. Había improvisado hacia ellos una especial simpatía producto de mi buena disposición hacia todo lo que es raro o extravagante.

Ambos tenían cierta familiaridad con lo gótico. Eran pálidos, rubios, casi pelirrojos, altos, desgarbados y desde luego de una rara elegancia. Se les veía crispados y sometidos en sus movimientos a una educación tiránica que había hecho de la naturalidad un ritual de indecisiones muy estudiadas que quería aparentar una extrañeza, mejor, un distanciamiento, a cuanto sucedía a su alrededor.

La pareja, concebida al principio como una hermosa y británica guarnición de Stafford, descubría a cualquier observador perspicaz un defecto que evidentemente afectaba a la aparente integridad de ambos. Si la observación se hacía más penetrante no era arduo deducir que el ejemplar defectuoso era el varón.

Tenía mucha información de esta gente, y eso me molestaba. Prefiero en mis paseos interpretar libremente a los extraños cuyos encuentros empiezan a ser asiduos, por ello me incomodó que me dieran tantos y tan prolijos detalles de los jóvenes amantes ingleses. Estaba convencido de que, si no hubiera recibido aquella codificada información, los habría dotado de una historia si no más interesante, al menos distinta. Me resulta odioso tener que archivar en la desmemoria tantas y tantas creaciones biográficas que han ido en mi vida deshaciéndose ante las exigencias de otras comprobaciones en apariencia verdaderas. Yo era un escritor sin descanso, un escritor en permanente guardia, que, incluso fuera del papel, construía irrealidades literarias de la realidad más próxima.

Años más tarde aludiría a este asunto con Peter, el joven nervioso cuya presencia me impedía llegar al mar. Evidentemente le oculté la historia que les había creado a él y a Diana, su joven compañera. Hablé sobre las coincidencias y, más que nada, sobre la despreocupación de la realidad respecto de argumentos y tramas.

La literatura, le dije, se alimenta de alambicadas argumentaciones, de proyectos apenas ininterrumpidos (me refería, no a los rasgos y a la vida creada para cada personaje novelístico, sino al *tempo* de la propia creación sometida a la tiranía de temas regulados por secretas leyes para hacer del guión una especie de río, cerrado en colofón de bienes o desdichas). La realidad es la improvisadora, me interrumpió Peter. Lo descubrí, me hallaba ante un lector de Auden, y también supe que los británicos se dejan llevar por el lujo de exhibir mínimamente sus pasiones, pues, en aquel instante, Diana, como una novia latina, apoyó la cabeza en el hombro de su compañero. Los perros, de tener como creo, personalidad, en el infinito número de sus rasgos diferenciales y repetitivos en la especie, deben gozar de la facultad de entender nuestras emociones. Al menos este perro ladró nervioso al notar la proximidad entre sus dueños. Se diría que esperaba de la vida de sus protagonistas una película con final feliz

Aún no habíamos intercambiado palabra alguna, ni pensaba yo hacerlo si no llega a ser por el suceso del verano. Todo ocurrió de una manera exagerada y trágica, y nada más estallar la metralla en el cielo, Peter, cuyo nombre aún me era desconocido, se echó en la arena tembloroso. Estaba especialmente pálido. Ella, como si pretendiera defenderlo de un ataque concreto y personal, también se lanzó a la arena para, de inmediato, cubrirlo con su cuerpo. El perro ladró hacia las altas intensidades azules. Allí, un avión, su entorno, era acribillado por la aparentemente ineficaz batería del castillo en ruinas, que separaba los territorios de la dicha (así llamábamos a las zonas de los veraneantes) del monte indiferente y lejano. Max acabó por ovillarse entre sus dueños. Ninguno de ellos pudo ser testigo del suceso fatal. Un disparo, una casualidad (la batería vieja y gotosa era el hazmerreír de cuantos alguna vez la habían visto estornudar) deshacía el vuelo de la avioneta que, incandescente, fallida en su vanidad de pájaro, caía desintegrada en una confusión de esquirlas y fragmentos, en un remedo fatal de fuegos artificiales.

Con demasiada urgencia, atropellado, descendió el paracaidista. Ya al contacto con las aguas, al choque, una fumarola se alzó mientras en la orilla bañistas y gente de la mar disponían las jábegas para una navegación a vida o muerte. Fue muerte. Los pescadores volvieron trayendo, en un rompecabezas de carne inconcreta y hematomas, a quien segundos antes había sido como un arcángel de la guerra sorteando el blanco de algodón de azúcar y feria de las nubes.

El observador, ante un espectáculo que se ofrecía plural y en distintas pistas, a veces atendía a la desolación del hombre y la mujer abrazados allí en el suelo, en tanto el perro procuraba abrir con sus patas un inmenso hueco para trinchera de sus amos; otras, el observador prefería seguir los juegos y los fuegos de la batería enloquecida, sabedora de su triunfo, en un quiquiriquí de pólvora apuntando no ya al avión, sino al vacío dejado por su caída. Tenía aquella artillería algo chulesco de un David sorprendido por la casualidad de haber dado muerte al gigante; y por último, quien deseara ser testigo de los movimientos de masas, sólo de eso, contaba con aquellos extras involuntarios, veraneantes y bañistas, que, horrorizados por tal zafarrancho, iban de acá para allá en un ejercicio de anticipaciones imitativas a uno de los motivos de Genovés para los ensayos sobre la violencia.

—Conseguirán teñir este mar sagrado de rojo —se quejó una pescadora, una Irene Papas de ocasión.

Ignoraba aquella mujer colérica que este mar prodigioso es una combinación de índigo y sangre a partes iguales. Como el *bloody mary*, pero sin el nombre, con una razón latina, comentó una tarde el General.

No debieran haber huido del tapiz donde viven, me dije en un arrebato de debilidad poética contemplando a la pareja que, abrazada, buscaba refugio en la arena. Fue la muchacha la primera en alzarse. Ya en pie se llevó las manos a la cabeza y puso en orden el peinado. Su palidez la dibujaba como una de las figuras de leyenda de Dante Gabriel Rossetti. Ardía a contraluz. Más serena, ayudó a levantarse al muchacho y lo sostuvo en un abrazo infinito. Él quiso hablar, dar las gracias, pero, aparentando que las cosas seguían su curso natural, tomó una piedrecita blanca, la arrojó rasante contra la superficie del mar, así la piedra saltaría y volvería a saltar sobre las aguas. Después, acarició al perro: quieto y ajeno, casi avergonzado por la conducta de sus amos. Y tomando un nuevo guijarro lo meció ante el hocico de Max para dispararlo con fuerza hacia la dirección de la Casa Alta. El perro permaneció indiferente a todo, incluso a las horas de normalidad que se avecinaban. Debió pasar un ángel con prisa entre nosotros. La quietud fue excesiva, al fin Peter extendió su mano delicada y apretó la mía, lo hizo elegante y no sin cierto distanciamiento, tal si quisiera emitir un mensaje: Ni su ayuda ni la forma en que me ha visto actuar nos permiten demasiadas confianzas, no, no debe esperar mucho de nuestra parte. Inconsciente, hice un saludo militar de despedida, impropio dadas las circunstancias. Yo ya lo sabía, Peter era un desertor de una guerra hecha a la medida de la muerte de demasiados jóvenes como él.

 Lo siento, soy irreflexivo y con frecuencia imprudente. En casos parecidos sólo me queda refugiarme en el mar, esconder la cara entre sus olas, y pese a la promesa de no volver al Peñón, me deshice de la ropa y nadé hasta la base, hasta la rocalla de mejillones y erizos, hasta olvidarme de todo menos del mar.

V

En la playa, salvo el mar, infinitamente renovado, nada suele distraerme. La naturaleza se repite, los sucesos son similares en lo argumental aunque la solución sea distinta y se resuelva en lo trágico o en lo cómico; hasta la gente llega a parecerse una a otra. También esta sensación suele experimentarse cuando visitamos una ciudad (nunca antes vista) y las personas que encontramos nos evocan rostros conocidos de gente hoy ya desaparecida.

En este amanecer, unos personajes singulares me han atraído de tal modo que el mar ha perdido protagonismo para ser sólo telón de fondo, decoración. No puedo dejar de observarlos, quizá mi destino sea el de mirón, *voyeur* de una realidad caprichosa dispuesta en ocasiones a salvar la inercia repetitiva con pequeños espectáculos. Son dos muchachitos los que tan poderosamente me llaman la atención.

Su presencia me atrae y no porque sus cuerpos vivan esa hora estética en la que lo impúber confunde al efebo y la nínfula. Miro con detenimiento y sí, son dos niños de una delicada y extraña perfección. Si fuera factible someterlos tan jóvenes a un concurso de belleza darían lugar a un empate. Son de esa clase de gemelos tan difíciles de singularizar que pueden confundir a sus más allegados.

Nada me hacía prever que ambos muchachos estarían con el tiempo muy cerca de mí. Su presencia llegaría a entrometerse en mi felicidad y a condicionar mi propia existencia. Entonces sí, entonces no me sería problemático individualizarlos, no porque de una observación más detenida llegara yo a diferenciar entre ambos este o aquel rasgo, sino por la disposición ante la vida manifestada de manera antagónica por ambos hermanos, las más de las veces por medio de gestos. Gestualmente no había parecido alguno entre ellos.

Contraviniendo las normas del poder sobre la necesaria decencia a observar en playas y piscinas (normas muy duras, que obligaban no sólo a los adultos, normas nacidas de una moral histérica), estaban desnudos. El aire, la luz, se asociaban ambientales para hacerlos aún más hermosos. Insisto, mi interés nada tenía que ver con las atracciones menores pertenecientes a la nebulosa equívoca de la libido. No, en ese sentido me eran indiferentes. De ellos sólo me interesaba la conducta extraña, de nuevo el ritual (la obsesión que me persigue) observado por ambos.

Uno de ellos se mantenía erguido e inmóvil. Su postura era como la del modelo que es consciente de estar haciéndose piedra o mármol inmortal. Era prodigioso en un niño ver la buena disposición a posar adoptada en todo momento. Parecía que hubiera posado para la estatuaria clásica y hubiera memorizado corporalmente todos sus movimientos. También seguía dócilmente las indicaciones de su hermano. Éste, por el contrario, era todo acción, nerviosismo e improvisación. De vez en cuando se detenía y miraba atentamente alguna parte del modelo. Se concentraba en la observación, nada que no fuera esta u otra forma del hermano parecía interesarle. Adoptaba actitudes y gestos propios del artista cautivado por un tema fascinante. El resultado era un increíble ejercicio de geometría.

Debo reconocerlo, no pude descifrar el significado de un ritual tan insólito. Nuevos encuentros con los gemelos, que volvían a producirse entre ellos con el mismo ritual, me llevaron al convencimiento de que, para uno de los hermanos, su incipiente narcisismo se satisfacía en el hecho halagador de ser modelo; al otro, al «artista», por el contrario le estaba vedado alcanzar la lección estética y entusiasta de su yo formal, y para saber de sí tenía que apoyarse, leerse en el cuerpo de su gemelo. Fui testigo de este juego singular durante la época en la que, accidentalmente, me vi envuelto en sus vidas, y también supe del final de este ejercicio. Las prácticas narcisistas terminaron de forma violenta cuando el «observador» intentó seguir con el tacto las líneas corporales fraternas, sin advertir que estaba en territorio ajeno, en la «otra intimidad». La caricia frustrada debió significar para ellos la pérdida de un paraíso y el final de la edad de la inocencia. Desde ese día el «modelo» trató al otro como a un extraño, y éste sufrió la humillación de saber que repentinamente su actividad creadora se había convertido en un pecado terrible, una infracción sin núcleo, es decir sin conciencia de serlo, pero igualmente destructiva. Se distanciaron, y las relaciones entre ambos fueron desde ese día terribles.

Tomé un baño ligero y me desentendí del asunto. Era necesario regresar pronto a la pequeña villa donde vivía y prepararme convenientemente para acudir al entierro del piloto inglés derribado en mi presencia. Ninguna obligación tenía de asistir a un ceremonial luctuoso que mi vitalismo rechazaba; sin embargo, aun no estando justificada mi presencia, me agradaba la idea de encontrarme nuevamente con Peter y Diana, asistentes seguros al sepelio (el perro Max en esta ocasión no les acompañaría), y también me agradaba volver a visitar un territorio nacido de la pasión de un cónsul inglés para evitar las afrentas de un país contra la tolerancia y salvar a agnósticos y protestantes de un enterramiento indigno. Un cementerio marino de una belleza melancólica. De él había dicho un poeta menor, exquisito personaje lleno de contradicciones (un dandi de esos que rompen las reglas del juego con gestos de un gusto no del todo convincente; éste, por ejemplo, solía utilizar una limusina blanca conducida por un negro brillante y etíope): Paradójicamente, el último monumento vivo del romanticismo es un cementerio.

Carecía esta necrópolis del patetismo de los cementerios latinos, monstruosas edificaciones levantadas para fomentar el arrepentimiento por los goces de la existencia. El clásico e imperial *sic transit gloria mundi* se ha convertido en las necrópolis latinas en espantoso y caricaturesco: Como me ves, te verás. Hasta los ángeles, en los cementerios católicos, se deshacen en lágrimas, y si pudieran se comprarían brazaletes de luto para oscurecer el brillo de la piedra que les hace volar.

Un jardín lujurioso, lleno de plantas y flores exóticas, componía un raro edén hecho para el silencio. Una tarde, paseando por su avenida con el General, tras una larga meditación sobre el valor del cero, su sentido en principio diferenciador y la antipatía sentida hacia el significado de este guarismo por cuantos concibieron las matemáticas como una metafísica y deificaron el orden de los números, tuve la sensación de que estaba en un sitio donde la muerte no tiene más importancia que la de final. El General acababa de citarme a algunos matemáticos indios de los siglos VI y VII, y especialmente me habló de Brahmagupta, que tuvo la osadía de proclamar que cualquier número dividido por cero dará infinito como resultado. Un principio de esta naturaleza, aun perteneciendo a las veleidades de las llamadas Ciencias Exactas, me dejó meditabundo. De repente, el General, ante un obelisco, un cenotafio cuya razón en un cementerio era complicada de explicar, más aún cuando la tumba del interesado se encontraba a unos pasos del monumento, dijo con voz convincente tal si me hiciera una proposición para un negocio: Este lugar no es más que una novela por escribir, ¿no te animarías a ser su autor? Rechacé de inmediato la invitación: demasiados argumentos, demasiados guiones en los que la historia, salvo ligeras variaciones, se repite. No obstante, como Peter y Diana aún no habían llegado, tomé del brazo al General e iniciamos una verdadera exploración por entre aquellas tumbas casi escondidas tras una fronda elemental de helechos gigantes, rododendros, ficus, aspidistras y pacíficos de encendidos colores que parecían remedar la intensa poesía de algunos paisajes virginales de Rousseau el Aduanero. Efectivamente la novela ya estaba escrita, no sólo en la vehemencia liberal del joven irlandés en cuyo honor y memoria se había alzado el obelisco —un mártir de una causa a la que había sacrificado no sólo su hacienda, sino también la vida—, sino en aquella estela: Julia era una inscripción enigmática, ordenada por una mano anónima. Hasta hacía muy poco, de noche, en las horas que antecedían a mi descanso sin sueños, solía inventarle biografías a esta Julia de la que ya nadie podía darme noticias. La muerta amable, dije intentando desposeer de dramatismo a este jardín. El General pareció no hacerme caso. Al poco volvió a insistir en su idea: la necesidad de una mano escritora que pasase a limpio la novela aquí ya escrita.

Íbamos de divagación en divagación, de tumba en tumba, cuando nos hallamos ante una superficie que desentonaba con el hermoso sentido anárquico del jardín. Alguien se había dedicado a aplanar un trozo de tierra y a disponer una serie de monolitos, en los cuales ya se veían grabados nombres nacidos para el dolor y la desmemoria bajo la escueta alegoría de los escudos patrios y de los emblemas de batallones históricos o de ocasión para esta Guerra causante precisamente de las muertes aquí archivadas. Sin duda, una mano militar era la autora de este aséptico archivo. En él, la desagradable lobreguez de un nicho esperaba el cuerpo embalsamado y reconstruido, con tenacidad necrófila, del aviador derribado a mi presencia.

Al poco se nos unió una señora por la que yo sentía verdadero afecto, la Baronesa, una inglesa culta y erudita a la que el Consulado Británico le había confiado la no siempre grata labor de mantener el orden estatuario y floral en este más que jardín, grabado de melancolías y nostalgias.

—Espero que todo pueda resolverse con prontitud y dignidad —exclamó confiada.

Sin duda se estaba refiriendo a las autoridades nacionales, empeñadas en lograr una complicada lectura de intrigas y espionajes de cuantos extranjeros vivos o cadáveres caían en el país o en sus aguas territoriales. De inmediato debió de parecerle inoportuno el tema y orientó sus palabras, evitando también la cuestión religiosa, a una de sus especialidades, la botánica.

—¿Han observado cómo en esta necrópolis, sin previo propósito, se ha rehuido la arboleda gótica en exceso vertical?

Al fin algo pareció indicar que ya estaba todo preparado para la ceremonia. Despacio, dejando no obstante que el General iniciara uno de sus raros discursos numéricos, nos dirigimos a la pequeña iglesia, una graciosa caricatura del Partenón, construida con piedra rojiza y porosa y cuyo tamaño parecía más propio de un salón familiar que del lugar de encuentro de una comunidad religiosa. Una feligresa ensayaba un motete en el que lo barroco acentuaba cierta complicidad con la añoranza, mas todo ello en los límites de una no exagerada disposición de ánimo.

VI

Llueven desconsoladas las gaitas y llueven en el aire y en lo de dentro y dejan nicotina —como el tabaco— de añoranza. Sus notas hablan de valles de los que somos perpetuos desterrados, geografías soñadas a las que ni caballos ni naves llegarán a hollar, ni a aproximarse a sus acantilados y playas; y también hablan de amores con palabras antiguas que el corazón siempre atento vuelve a recuperar y les da vida y las hace útiles para nuevos amores que algún día terminarán a su vez en lluvia y añoranza. Y dicen, hoy al menos ésta lo dice con lastimera lentitud, del perfil de los muchachos que abandonaron los verdes campos de Escocia para sentir de cerca el color de las nubes.

El gaitero era un hombre de mediana edad. Al poco de fijarme en él, pese a su atuendo, acabé por reconocerlo, un viejo funcionario del Consulado que dedicaba casi todas sus energías a la exportación de los vinos de esta tierra; por ello, aunque su faz era intensamente roja como la de todos los gaiteros, sus ojos, mar y ámbar a partes iguales, no tenían centelleo de whisky o de cerveza, sino fulgores aterciopelados de oloroso y moscatel. Caminaba con la majestad bárbara de un antiguo guerrero y se diría que toda su vida hubiera estado dedicada a honrar a vencedores y vencidos, siempre que los cuadros y los colores heráldicos cantasen la identidad de la sangre.

A medida que el gaitero avanzaba, el jardín se iba entristeciendo, sólo la risa de Freud desentonaba desde su anaranjada locura. No debiera estar aquí, pensé. Tal vez la Baronesa pensara del mismo modo, pero no aludió al tema.

—Hubiera sido deseable —comentó— una ceremonia decididamente militar como corresponde por derecho a este desgraciado muchacho, mas el Gobernador ha prohibido cualquier manifestación en este sentido.

La Unión Jack hacía difícil equilibrio para no dejar de arropar el ataúd demasiado reducido para el piloto.

—Si un zapato que aprieta se convierte en una tortura a corto plazo y aun así acaba por ser horrible, ¿qué decir de un ataúd que haga rozaduras durante el tiempo completo de la muerte? —al parecer, quien hablaba de una manera inadecuada a las circunstancias y al lugar parecía referirse al período que comprende desde la muerte a la resurrección.

Seguía al féretro un pastor, un personaje con aire de espingarda incómoda al que solía encontrarme en la playa intentando dar de comer a las gaviotas con poco resultado, decían que era daltónico en ciencias naturales, por ello no era raro verlo confundir las aves marinas con las gordezuelas palomas del parque. El oro sobre negro de las vestiduras eclesiales no añadía ninguna importancia a un personaje cuya comicidad se fundía en lo desastroso.

Y ya un grupo de personas, un grupo tan reducido que me fue fácil descubrir entre ellos a mis amigos (no me atrevía aún a llamarlos así) Peter y Diana, ¡y el perro Max!

—No teníamos a quien confiarlo.

Fue Diana la que habló. Era fácil deducir de sus palabras el miedo de que Max acabara en manos y fauces de los hidrófobos de la Casa Alta. Había antecedentes justificativos del temor. Max, sin embargo, parecía relacionar el sepelio con el derribo del avión y guardaba cierta compostura. Peter se excedió durante toda la ceremonia acariciando nervioso al perro. Un comportamiento comprensivo en un prófugo que asiste al entierro de un héroe. Discretamente Diana lo tranquilizaba.

Los demás miembros del grupo, salvo el General, la figura aparecida y desparecida de Freud y yo, eran gente de la colonia inglesa, sus miembros más significativos. Observándolos, algo brilló entre ellos, brilló como lo hace el diamante que, revuelto entre imitaciones, fulge e identifica su autenticidad al paso instantáneo de la seda del joyero experto.

Brillaba cegadora e inquietante, brillaba en sus movimientos, y en la quietud de una pose de figura decó también brillaba. Gracia, gracia y sumo encanto contenido ante las circunstancias. De pronto, con extrema delicadeza, retiró una lágrima de las sombras de sus ojos, inmensas mariposas puestas ahí para adelantar la noche. Presumí entonces de su amistad o parentesco con el piloto derribado. Minutos después nos presentaban.

—Cristina de Masterman.

Fue Diana la encargada de presentarnos.

Cristina, nacida Rypin, era prima de William Burker. Fue en ese instante cuando conocí la identidad del caído, un dato sin importancia salvo que su muerte parecía determinada en las estrellas para que yo conociera a un ser maravilloso, y supe también que aquella criatura fantástica había nacido en Polonia en el seno de una familia principesca que, a causa de las locuras de la guerra, vivía en el exilio.

No la podía haber soñado porque —lo he dicho y lo repito— no sueño. Me hubiera gustado, viéndola nacida de aquella espesura de verdes y carnales flores mediterráneas, conocerla en sueños, saber de su existencia en los territorios privados de las revelaciones oníricas; pero no, ella estaba allí como un dibujo en el aire, dispuesta a demostrar su rara belleza, su perfil egipcio de criatura sólo imaginada, pues no es bueno establecer el canon estético en relación a medidas y formas preconcebidas. Radicaban su encanto y su belleza precisamente en aquellos rasgos no adecuados a las reglas convencionales. He dicho de sus ojos, habitados por la fiebre del vuelo nocturno de algunas mariposas. La nariz formaba un ángulo lleno de gracia. Y la boca, un pétalo de sangre concebido únicamente para dar libertad a una voz cuya transparencia ya había intuido. La apoteosis la constituía un cuerpo alzado para sostener una cabeza pensada para el Museo Imaginario. Era alta, no mucho, y todas sus formas parecían dispuestas para cumplir las exigencias de lo armónico. Aún hoy me pregunto: ¿Cómo podía sostenerse erguida sin condescender al influjo de la brisa en el capricho de sus ondulaciones? Repito: ¿De dónde nacía aquella voz digna de ser defendida en una caja de marfil y plata? Y también las cosas que decía. Cualquier tema vocalizado por esta hermosísima mujer (una mujer ave, así, a falta de sueño solía pensarla, un ser cuyo cuerpo era el de Cristina teñido de intensidades modernistas y unas alas inmensas como sólo las lucen los ángeles pájaros de Chagall). Una noche recuerdo haber encendido una vela y pensado en su apasionada exactitud (dos conceptos contrarios entre sí), y cadencioso, lento, recitativo, dije para ella, tal si estuviera frente a un ocaso de mayo en Tel Aviv, el *Cantar de los Cantares*, y la sentí llorar.

Desde que la conozco la imaginación ha entrado en un proceso febril lleno de dispersiones, hoy mismo alguien hablaba de los orígenes del hombre, añejo y manido el tema, impropio para un enamorado. El listillo de turno discurseaba en torno al pensamiento de Darwin. Iba a entrar en cólera, ante una cuestión que me parecía una grosería, cuando la idea de que esta mujer sólo podía descender de un sauce melancólico aplacó mi espíritu; y sin que lo advirtiera mi interlocutor, una sonrisa me nació espontánea.

El impacto del primer conocimiento amoroso es incompatible con otros intereses, incluso con aquellos que apenas tienen relación con las emociones amatorias. Quizá por ello, Max, Peter y Diana se acababan de convertir sólo en personajes de tercer orden respecto a la protagonista de mis horas. El General se hizo exclusivamente un tema de fondo, un adorno musical a nuestra dicha. Sólo Freud, la locura de Freud, hermanaba con el delirio del enamorado que yo era.

Pero en ese momento era un desconocido para Cristina, y ella, para mí, un reflejo enriquecido por el deslumbramiento que me causaba. Precisamente fue la Baronesa (los dudosos conceptos entre lo conveniente e inconveniente, entre educación y corrección, paralizaban a la joven y neurótica pareja de ingleses y le impedía, en la duda, presentarme) la que ejerció la función social de una vez presentados afianzar nuestro conocimiento.

Desde ese mismo día todo se hace confuso para mí. Soy sólo un coleóptero seducido por un perfume que descubre el poder de unas alas que me exigen emprender un vuelo hasta llegar a la voz de mi destino. Me doy cuenta: acabo de perder el sentido de lo mesurado, la estimación de lo circunstancial y el valor de lo otro cuando, dentro de este amplio vocablo, Cristina no ejerce su protagonismo.

¿Cuáles han sido las palabras dichas al ser presentado? ¿De qué modo he querido ejercer sobre ella de inmediato el poder de la seducción? Nada recuerdo.

Estaba ya cerca de la puerta adornada de leones del Cementerio, cuando Freud, haciendo una indicación, me pidió que lo acompañara. Sin los titubeos tan frecuentes en él, me condujo ante una fosa en apariencia vacía:

—Mire, mire —gritó fuera de sí, señalando un bulto que, en principio, por prevención al lugar, me negué a mirar.

—Mire, mire. No deje de obedecer al que será el mejor policía del mundo, y mire.

No le hice caso, pero volvió a insistir, amenazante a su manera.

—Si no mira tendré que apuntar su nombre, así que prepárese a las consecuencias cuando sea el inspector de policía con más estrellas que la noche.

Me fijé con atención. Se trataba en apariencia de un hombre joven que había elegido aquel siniestro hueco como descanso. Estaba vivo, respiraba profundamente como respiran los jóvenes en sueño.

—Mire.

Busqué en el durmiente aquello que llamaba la atención de Freud. Y empecé a comprender, no, no era un muchacho corriente. Muy delgado, sus pies desnudos, muy limpios, se hallaban encogidos para mejor acomodarse en la tierra. Las zapatillas de tenis las utilizaba de almohada para descansar una cabeza afeitada como la de un arlequín o la de un chico del hospicio, y de pronto el verdadero motivo de atención estaba allí enmarcando su rostro. Cruel e injustificado le habían colocado un extraño bozal. De cuero doble y tachonado de púas, parecido a los que se usan para algunos mastines pero adaptado a los rasgos humanos, su brutalidad se cerraba por un candado cuyo tamaño era excesivo.

Freud, sintiéndose héroe ante la presencia de un testigo, alzó el bastón y ya estaba dispuesto a destrozarle el cráneo cuando pude someterle lo suficiente para, dándole un golpe, desarmarlo a la vez que golpeaba también al hidrófobo hasta despertarlo. Espantado, el muchacho hizo un gesto, aventuró un mordisco al aire que las correas frustraron, y, viéndose impotente, dando un salto abandonó el nicho; desafiante, emitiendo ruidos guturales, se fue retirando hasta ser en el límite del jardín sólo una silueta borrosa.

—Están en todas partes —vociferó Freud—. Cuando sea policía y detenga a mi familia, inmediatamente acabaré con ellos.

—Vamos, vamos —se impuso la voz del General.

Entre el General y yo, no sin cierto esfuerzo, lo condujimos a la calle, a una modesta avenida por la que, de hora en hora, transitaba un tranvía.

VII

Un mosaico de toallas cubría la arena. Parecía que el color estuviera componiendo un imposible arco iris en este verano como homenaje a la silueta, siempre sombra, del Peñón del Cuervo. En un rincón, allí donde la arena se pierde bajo guijarros, verdaderas dactiloformas y restos de moluscos, algunos, para satisfacer la grandilocuencia del poeta, habían alzado una muy sencilla tienda al modo de las que levantan en el desierto los tuaregs. Formada por lienzos, se amueblaba de una mesa pequeña y una extraña *chaise longue*, un mueble impropio de la playa que, con harta dificultad, habían bajado cuatro pescadores muy leales a los caprichos del poeta a quien tenían por loco, es decir, por hombre de la suerte. En la mesita, dispuestos, no sin cierto orden, papeles, defendidos de las veleidades impulsivas de la brisa por unas caracolas filipinas de esas que, en épocas pretéritas, eran útiles en decoración para componer cornucopias y jarrones. También destacaba en aquel despropósito una pizarra de testero de colegio en cuya noche el poeta (recordaba su aspecto la figura tantas veces pintada de Lázaro recién resucitado) dibujaba, inmensa como un loto nunca visto, la forma de la medusa a la que debía sus quemaduras. De fondo, las *Andrews Sisters,* tan de moda, acompasaban desde *La voz de su amo* el silencio del poeta afortunadamente afónico hasta que, haciendo un esfuerzo, elevó una voz rota nacida de la tiranía caprichosa de su voluntad para recitar un canto en el que se celebraba la heroicidad del amante que se hace llama y se consume al paso de la belleza. Tal vez del esfuerzo y también de la irritación al no ser oído por todos los bañistas (en sus juegos, en sus saltos y en el intento fallido de volar) tuvo una hemoptisis. Su efecto fue desalentador, dejó de cantar y mostró, por primera vez, la máscara del miedo, una máscara verdadera no nacida del teatro y para el teatro, que nada bueno parecía presagiar. Los jóvenes pescadores, temerosos de perder con él la suerte que les daba en su oficio, se apresuraron a envolverlo en suaves y blancas toallas y uno de ellos, el más atrevido, aproximándose al gramófono intentó repetir el sonido de las *Andrews,* pero, falto de fuerza, el aparato emitió un ruido blando y se derrumbó en la arena. El triunfo de la impotencia, pensé con desánimo.

 Me retiraba ya de la tienda cuando, no sé por qué, me volví curioso. Quería ver el dibujo lineal de la medusa flotando en la noche de la pizarra. Un efecto muy hermoso, dije en voz tan alta que un niño con un cubo, en el que se movía torpe y circular otra medusa, salió huyendo, a la vez que el celentéreo dibujado se hacía una extensa y plana mancha de humedad que el sol, ávido, secaba urgente.

Cansado de un suceso que parecía multiplicar su energía en nuevos sucesos, me dispuse a serme fiel: Aquí estoy, me dije, por una sola razón: ocupar el tiempo hasta que la noche me encamine a la casa de Cristina. Y volviéndole la espalda a aquel escándalo miré a mi alrededor en busca de una cara conocida.

La sombra del Doctor Harpo se prolongaba excesivamente en un terreno plano, arena horizontal sin más accidentes que el movimiento de las figuras que acudían a la playa. Parece un reloj de sol, me dije para, de inmediato, hacerme una pregunta: ¿A quién andará observando a esta hora?

El Doctor Harpo, ese loco, era uno de esos psiquiatras que disfrutan —al menos ésa es la impresión que producen— rivalizando en despropósitos con su clientela. Yo estaba seguro de que el hombre tenía clara conciencia de ser parte de la locura, de ese estado de la mente que él se empeñaba en corregir en los otros. Los otros eran también relojes, no de sombra, máquinas defectuosas que él debía diagnosticar y luego intentar corregir. Por propia experiencia Harpo sabía que aquellas peculiaridades del comportamiento, los delirios de la mente, las idiocias y el esplendor de la psicopatía, una vez diagnosticadas no tenían más remedio que el que la casualidad quisiera concederles. Lo que de verdad le interesaba, una vez asumido su fracaso y la conciencia de su propia locura, era conocer las causas de estas singularidades.

Había elegido la psiquiatría sólo para estudiarse mejor. Desconcertado, náufrago en su verdadera enajenación, esperaba alguna vez hallarse cara a cara ante un paciente con sus mismos rasgos y fantasmas; así, contemplándose en otro, no sólo podría consolarse sino también intercambiar particulares sobre su mundo cerebral, una carga demasiado pesada para llevarla un loco que hace las veces de psiquiatra.

Le debía a la medicina su admirable teatralidad, la capacidad para llamar la atención hasta con su sombra, y tenía facilidad mímica para aparentar una permanente actitud reflexiva.

Eso sí, pocos alienistas han estudiado con tanta aplicación los confusos y contradictorios textos publicados por la psiquiatría. Cuando lo conocí era un defensor decidido de la laborterapia, que no sólo imponía a sus pacientes sino a los enfermeros, monjas, visitantes, policías y jueces interesados por una u otra razón en los recluidos en la Casa Alta. El doctor Harpo era el director del lugar más temido por cuantos frecuentábamos la playa. Es evidente, comentó el General en cierta ocasión en la que los intereses del médico y los suyos entraron en conflicto, que un psiquiatra es un monarca absoluto.

La Casa Alta, la inmensa mole, reverso de la playa, del verano, incluso del frío (cordial tantas veces) y de la lluvia, era el resultado de una aplicación tiránica de la laborterapia, entendida dura y simplemente como albañilería. Todos los enfermos, como remedio a sus males y chifladuras, debían colaborar. Así se hacían parte de la verdadera lucha, la prevención higiénica a ese fantasma acechante y terrible: la demencia. Durante años, la subida a la casa en construcción parecía el congreso de cuantas hormigas ofrecen al entomólogo las selvas brasileñas. Entre todos, todos salvo el poeta, cuya locura rebasaba la barrera de la insania del doctor Harpo, habían hecho posible aquella monstruosidad sin tino. Y nunca pagó a nadie por el esfuerzo.

— Lo más llamativo —continuó sarcástico el General— fue que, acabada la obra, un lapsus terrible demostró la esquizofrenia del médico: había olvidado abrir puertas a la Casa Alta. Un paciente, deseoso de salir de aquel detestable recinto aún no experimentado, avisó al improvisado arquitecto, y el defecto, para desgracia de todos, fue corregido. Hablo de desgracia porque fueron las puertas las que permitieron que la Casa Alta, poco a poco, fuera poblándose de sombras.

—¿Los hidrófobos?

—Eso es otro asunto, de eso mejor no hablar. Lo cierto es que Harpo (deliberadamente prescindía del tratamiento médico) se hizo rico gracias al formidable asunto de la laborterapia.

Estuve varios días sin ver al General, una vez más había cometido una indiscreción: alguien muy querido por él formaba en las líneas de estos increíbles seres que, vistos en grupo, nunca llegué a saber si sus escuadras las componían seis o siete miembros.

Empezaba a anochecer. Pronto se encenderían las hogueras, el rito anual del Mediterráneo. La playa se hacía de nuevo a la soledad. Una francesa hablaba gesticulante con el policía encargado de las buenas costumbres, una locura organizada desde las más altas esferas del poder para molestar a cuantos acudían a tomar el sol y sentir cómo el mar, las olas y la transparencia de las aguas se abren al impulso de un cuerpo que quiere ingrávido flotar. El policía parecía tomarse un descanso. Si no hubiera habido nadie en la playa en su osadía habría llegado a quedarse en bañador. Se había limitado a quitarse la chaqueta color barquillo cuyo cuello, muy visible en la arena por cosas y teoría del color y sus complementarios, exhibía la parda sensación de un sudor acumulado durante días. En el cuello de la camisa brillaba el almidón de un planchado casero. Parecían actores de una película muda de ésas que tendríamos que soportar todo el verano. De repente, tras indagar si era o no observado, especialmente nervioso, el policía, arrugando la finura del bigote, se acercó a ella y depositó, los ojos cerrados, un beso en el coral ancho y divertido, de demasiadas experiencias, de la loca muchacha. Me hubiera gustado aplaudir aquella convencional representación del amor. Únicamente el deseo de estar a la hora convenida en Villa Varsovia me convirtió sencillamente en alguien absorto ante el mar.

Aunque fingía estar muy atento al pintor recién llegado a la colonia de veraneantes, el doctor Harpo sólo miraba al mar. Lo práctico hubiera sido, habida cuenta de la leyenda que precedía al artista, lograr un pronto diagnóstico por nadie solicitado y conducirlo a las cuadrillas de activos trabajadores dedicados a terminar la interminable Casa Alta. El hecho de tener un perro que se llama Antinoo es suficientemente indicativo de cierta clase de desviación sin necesidad de acudir a los de Viena (el doctor Harpo detestaba al verdadero Freud; el otro, el del Peñón, ya colaboraba lo suficiente para no ser molesto). Mas lo que realmente observaba Harpo era el mar, pero no desde el punto de vista en que lo haría un balandrista, un nadador, un amante, un melancólico o un náufrago a punto de ahogarse. Harpo —era uno de sus secretos vergonzantes— veía manías en el mar, odios injustificados y terribles pesadillas. Las olas, se atrevió a confesar una tarde, son pruebas de los remordimientos del Mediterráneo, remordimientos nacidos de la culpa. Logró silenciar a tiempo su discurso, mas en su íntimo inestable, desde el sofoco de lo reprimido, dio rienda suelta a cuantas ideas terribles pensaba de este mar, de aquel otro y de todos los océanos.

Un griterío le hizo abandonar la curiosidad por el pintor y su perro Antinoo para intentar localizar la causa de tal alboroto. Freud, no el enemigo acérrimo, sino el desdichado habitante de la playa (era la única persona capaz de vivir verano e invierno en aquellas arenas) estaba increpando al policía del bigote volador. Cómo se atrevía un inspector de moralidades públicas a contravenir una ley, a faltar a una moralina cuya custodia se le había encomendado. Freud, siempre sorpresivo e imprevisible, estaba haciendo defensa de una causa que le era indiferente. Pienso que lo que le perturbaba era ver a un policía dedicado al tonto juego de besitos y caricias en vez de detener a su familia, después a la del propio policía, llevar a la silla eléctrica a cuatro o cinco hidrófobos y dar garrote vil al doctor Harpo. Esto último no llegó a pensarlo y si lo pensó lo borró —gran habilidad la suya— de su mente abrasiva. No pudo seguir poniendo en orden las ideas, el policía lo cogió por el cuello y tras zarandearlo lo volvió hacia abajo, y utilizando la cabeza de Freud de tornillo la clavó en la arena.

Fue el momento en que el alienista, tras un análisis de la situación, decidió tomar partido por el policía.

—Su actuación es lógica (valoración que al policía le traía sin cuidado), y lo es porque ha habido previa provocación por parte de ese insensato.

Como un grabado bíblico, sin causa alguna con lo aquí ocurrido, la francesa huía hacia un fondo de sombras y oscuridades.

El policía, mal lector de las consideraciones ajenas, entendió que Harpo le estaba solicitando una exhibición de poder y sin más, sacando a Freud de su enterramiento parcial, poniéndolo cara a cara, le dio un surtido de bofetadas que el desdichado encajó en un triste silencio de muecas.

—Ha demostrado usted —vociferó Harpo preocupado (se trataba de lograr un colaborador eficaz a la hora de la laborterapia)— su hombría de bien, ahora lo mejor es que me confíe a ese desgraciado. La verdadera psiquiatría tiene medios expeditivos para corregir y enderezar la conducta de estos vagos.

Durante algunas semanas estuve sin hablar con Freud, lo veía triste, en fila con otros aún más tristes, unidos todos ellos por la obsesión del doctor Harpo: acaparadora de ladrillos para añadir a la repostería de la Casa Alta.

Antes que el fuego fueron las figuras. La broza, la madera sobrante, los viejos papeles, los trapos desteñidos por la avidez de este sol voraz, amontonados, componían burdas caricaturas de una realidad próxima. La imaginación compuesta actuaba en cada caso partiendo del material que se tuviera, material de desecho atesorado por la gente joven durante todo el año. Viendo aquellos monigotes se advertía, pese a lo caricaturesco, cierta grandiosidad propia de las víctimas que deben perecer por el fuego. Evocaban miembros de una extraña dinastía empeñada en sacar sus piltrafas a la calle; y también tenían algo taurino, de Don Tancredo desafiante. Primero fue un punto de luz, una chispa tímida que sumada a otras chispas al poco hacían otro punto de luz. De inmediato la playa se iluminó en plásticas maneras de colores, en irrealidades impropias de lo que debe ser una playa. Si Caravaggio, pensé, hubiera dedicado su energía al paisaje y las marinas, ésta y no otra hubiera sido la luminosidad concedida a una playa, y a un mar en cuyo centro un peñón quiere ser un fantasma natural dispuesto a soltar amarras. Ardía la arena y ardía la noche. De repente, los muchachos venidos de todas partes arrastraban cuantos objetos han perdido el sentido de utilidad, y aportaban a la fiesta del fuego lo ya envejecido, lo no deseado y aquellas basuras que deben ser quemadas por el placer de oírlas crepitar. Se les veía rojizos, encendidos los rostros carmesíes, se los veía inflamados por el juego ancestral de la destrucción y las pavesas parecían coronarlos con su breve chisporroteo. Eran las pavesas como vilanos fundidos en la negrura.

Poco a poco la playa pareció gozar de una noche nunca escrita en el lujo luminiscente de las estaciones. También el cielo, reducto de la máxima oscuridad, aprendió a tomar lineales ráfagas de fulgor y era como si, enloquecidas cebras, trotasen su torpeza animal entre las nubes.

Me encaminaba ya a Warszawa House, la Varsovia de nuestras pronunciaciones fáciles, el lugar de Cristina, cuando en lontananza vi también arder la ciudad. Distinguía su perfil provinciano, su torpe y gracioso urbanismo, sus construcciones de maquetas, y todo, absolutamente todo, parecía consumirse en un oficio que justificaba anualmente el delirio de lo mediterráneo.

(Días antes, una nota de la Baronesa me hacía saber que la señora Masterman le rogaba que me invitase en su nombre a la Fiesta del Fuego. La Baronesa sería mi introductora en la casa. Había quedado con ella en las proximidades de la suya, limítrofe a la de nuestra anfitriona.)

Me sentía dichoso. No sólo tenía la adecuada música de fondo nacida de mi propia felicidad, sino que un espectáculo único en luminotecnia parecía abrirme el camino hacia la cita deseada. Súbitamente todo cambió: los sentí muy próximos. Describirlos me llevaría a incurrir en fáciles imitaciones de Jack London, en esas páginas en las que el protagonista se sabe observado y de inmediato asediado por los lobos de colmillos blancos, literarios e infinitos. Eran, desde luego, otra cosa, mas también en ésta me sentía bloqueado cuando los veía terribles y desafiantes interponerse en mi camino. Los trajes grises, los rostros y cuerpos famélicos, el aire de arlequín picassiano, pero con un toque de perversidad, y de vez en vez, como un grito colgado en la noche, las horribles líneas del bozal mortificante. Sabía que en cualquier momento podían atacarme, quizá, me dije, buscan la sangre alterada por el miedo. Pero estaba seguro de que el deseo y la decisión de estar en Villa Varsovia me librarían de toda desgracia.

Al pasar la curva de los evónimos, la Baronesa, con un gesto amable, se hizo ver. Como siempre ajena a lo circunstancial negativo me susurró:

—Ya estamos llegando, ¿no ve esas luces? He ahí Villa Varsovia como dicen ustedes, o Warszawa House como decimos nosotros. Tras sonreír levemente, añadió:

—Parece que nos esperan.

Sé que le hubiera gustado decir: Cristina se alarma fácilmente, me la imagino preocupada por nuestra tardanza. Sin embargo, nada añadió a lo dicho, de hacerlo no se lo hubiera perdonado. La educación británica, al menos la de aquellos años, detestaba lo excesivamente explicativo.

Los perros en la distancia prorrumpieron en ladridos y en la otra distancia, aquella que vuelve sus pasos a la playa, los hidrófobos desaparecieron.

VIII

La razón comercial del salón de té y de otras bebidas e infusiones, *La sirena azul*, fue una decisión personal de su propietaria, una hermosa señora romana de mediana edad y buen porte compatible con cierta decadencia, sólo la iniciación de la decadencia, en la que el cuerpo parece decidido a hacerse desdibujar para señalar las estructuras, líneas y volúmenes de un antiguo esplendor. Su cutis era de una blancura exagerada. Era la última consumidora del polvo de arroz. Sobre su rostro de porcelana amanecida, una mano habilidosa en trazos geométricos había dibujado, allí donde las cejas alguna vez formaron una extraña y deliciosa enredadera bonsai, la implacable decisión en arco de otras cejas. Su pecho, realzado por un amplio cuello de terciopelo con apliques de encaje de Chantilly, no sólo era su mejor reclamo sino también una agitación permanente y rítmica, una imagen que, pasados los años, me recuerda la luz movediza de una célula fotográfica empeñada en llevar el ritmo de un bolero. Sus manos estaban diseñadas para movimientos impropios de otras manos y se adornaban en las uñas con la crueldad de un rojo sangre de toro.

Lo cierto era que aquella *Sirena* de aires modernos y de logotipo de proporciones cubistas poco tenía que ver con el Peñón o con el mar de nuestras fijezas.

Reunidos en pequeños grupos, los refugiados, los apátridas, los judíos de una incansable diáspora, habían hecho del recinto un símil de una hermosa película: *Mesas separadas*. La diferencia residía en los papeles dramáticos que estos personajes se habían reservado para ellos mismos. Nada tenían que ver con el film de Delbert Mann. En *Mesas separadas* la neurosis se manifiesta a través de una angustia menor y acomodaticia: los huéspedes son jubilados y empleados de segunda. En *La sirena azul* todo era desmesurado, cada personaje real intentaba —como quien acude a un baile de disfraces vestido de quien quisiera ser— teatralizar hasta el límite y, aún un poco más, las posibilidades de su yo, de su yo paranoico.

—Ser refugiado y gozar de un estatuto especial es lo suficientemente triste para que la imaginación, siempre amable y condescendiente, nos impulse al salto vital —me comentó a disgusto (en *La sirena azul* los gin-tonics eran servidos con cierta cicatería) el General, últimamente desentendido de la pasión de los números y su mística.

Estábamos en guerra y sentíamos a cada segundo las sevicias de la guerra. Por el contrario, la clientela del salón, aun siendo víctima de una conflagración terrible, parecía hallar complacencias personales de índole estética en el hecho de vivir refugiada en una pequeña ciudad con algunos encantos cosmopolitas. Daban la impresión de sentirse figuras de una novela cuya acción transcurriese en el nivel de las clases privilegiadas. Novelas con ambientaciones arqueológicas sucedidas unas veces en El Cairo y otras en el Asia central; interminables viajes en el Oriente Exprés o en el Transiberiano. Sugerían de pasada, y desde cierta improvisada confidencia, alguna aventura de espionaje. Todos decían haber conocido a Mata Hari y todos, en cierta ocasión y por motivos altruistas inconfesables, habían tenido con ella alguna cita en el Ritz parisino o en el Savoy de Londres. Hasta tuvieron la tentación de organizar en *La sirena* un club inglés en la mejor tradición victoriana. Idea fallida dada la oposición de doña Carla, la amorosa propietaria del negocio, más decidida en lograr beneficios que en reducir con clara pérdida económica la clientela por la prueba irónica de la sangre azul.

En las mañanas, con la discreción del pintor de café que ofrece sus habilidades exhibiendo anteriores retratos, un extraño sujeto, vestido de negro riguroso y con cierto aire de invitado principal en una boda, pasaba de mesa en mesa, no sin antes decidir por una simple inspección ocular si el caso merecía sus servicios. Cuando le parecía necesaria su intervención, exponía ante la clientela un muestrario de apéndices nasales de rectos ángulos que él, un adelantado en la cirugía plástica, aseguraba estar en condiciones técnicas de incorporarlos al perfil de esta o aquella hermosa judía, deseosa de lograr un aspecto ario, un salvoconducto para la Tierra Prometida.

Cualquiera que observara a la clientela de *La sirena azul* advertiría de inmediato algunas reservas en el decir, frecuentes simulaciones y temor a ser identificado. Aunque como en los bailes de máscaras, aquí, pese al disfraz, cada uno iba disfrazado de sí mismo, se notaba el miedo a ser reconocido bien por lo que se era o por lo que se representaba. La causa de esta inquietud se atribuía a los camareros, demasiados en número y belleza. Doña Carla solía presumir de sus muchachos: Un camarero, un *garçon,* debe aparentar por lo menos ser secretario o agregado de embajada. El estilo, aclaraba, es aún más importante en esta profesión que el conocer al dedillo las fórmulas de la coctelería y de las combinaciones. Mas la clientela, reducida permanentemente a *La sirena azul* (no había otros negocios en la ciudad de características parecidas, y respecto del Peñón se mostraba no sólo poco interesada, sino, lo que es más grave, aburrida de los elogios dedicados por los naturales del país a una roca sin importancia), tenía la impresión de que aquella cuadrilla de hermosos *latin lovers* no eran más que espías, sonsacadores de asuntos financieros y del destino futuro de los refugiados.

Un hecho pareció evidenciar lo que hasta entonces era sólo sospecha. Ilona, una rusa blanca de elegantes modos y sofisticado vestuario, había llegado a intimar, debido a cierta debilidad estética que le había hecho una adicta no sólo a la cocaína sino a los hombres (una mezcla explosiva), con un camarero de alto rango. Este individuo la amaba al dictado, es decir, siguiendo cuantas rarezas le sugería la rusa, y la liberó de la pesada carga de pasear al anochecer las reatas de galgos. La rusa, incapaz de obligar a los perros al ejercicio necesario, se valía de un método para mantenerlos en la silueta que corresponde a un galgo: darles de comer un día de cada dos. Esta costumbre fue causa de graves altercados entre los animales que llegaron a practicar una especie de canibalismo. Ahora bien, gracias a la diligencia del amante, las cosas volvieron a su fueros y las pasiones a sus orgasmos. Para perfeccionarse en el arte de amar, la bellísima Ilona escribió un pequeño prospecto de ocasión donde se reseñaban los ejercicios pasionales que le eran más queridos, y una tabla de gimnasia para poder practicarlos con soltura y sin riesgo de tironazos musculares. Nada de esto habría tenido importancia si no llega a ser porque, en una noche apoteósica, el amante latino y cualificado confesó en el oído de la encantadora rusa que no era Doña Carla quien satisfacía su nómina, sino que un submarino mensualmente se aproximaba al peñón para dejarles, a él y a otros afortunados, buenas propinas en divisas.

Conocido el asunto por la clientela, nadie, sin embargo, decidió abandonar el local. Bastaba —ésa fue la consigna— con disimular, aunque ninguno de estos refugiados, judíos de la diáspora, extranjeros y apátridas tuvieran el valor de reconocer que tenían cierta idea de algo afín a la simulación, algo relacionado con lo social, con el cuchicheo y con ciertas bajezas y desaires, pero ¿simular por utilidad propia? Lo desconocían.

Visto desde la calle, el salón de té, con sus luces tenues y aquella variopinta clientela, parecía un enorme acuario. La gente que solía pasar ante *La sirena* debía pensar que las decadentes señoras, los extraños individuos y cuantos personajes frecuentaban el local tenían una misión puramente exhibicionista, eran adornos de un escaparate deseoso, como todos los escaparates, de ser aplaudido: También la comedia humana tiene sus museos, murmuró Ilona satisfecha de ver cómo casi todas las miradas iban a sus senos de mármol. Yo, en cambio, acostumbrado a una crónica observación del prójimo, los domingos, cuando el centro de la ciudad, cerrado al tráfico, obligaba a una juventud vestida regularmente de gris Escorial a ir de una a otra punta de la calle principal en una serie de paseos inagotables, o a descansar contemplándonos en nuestra pecera de té con pastas, combinados, licores y finos cigarrillos egipcios, disfrutaba inventando a aquel público uniformado esta o aquella biografía. Historias, las por mí inventadas, en las que lo argumental se acogía a las más amplias normas de lo teatral y lo esperpéntico.

Sólo en una ocasión me quedé sorprendido. Exquisito el rostro como un diseño japonés, un joven oriental me contemplaba. Su traje tenía el mismo color que el usado por aquella masa paseante. Sólo se distinguía de ella por tratarse su ropa no de un terno occidental, sino de un quimono. El hombrecito, para no hacerse notar, observaba a la colonia extranjera a la que él mismo pertenecía. La razón de su interés la supe más tarde: consistía en la metáfora de la pecera. Nunca había visto a tanta gente extravagante tras un cristal exhibiendo lo mejor de sus galas. Le vi hacer algún comentario distante y desapasionado a uno que le acompañaba, de seguro un criado. La imaginación me trajo una idea: éramos carpas los unos para los otros. Nos quemaba, nos consumía a cada instante el apasionamiento de un protagonismo, sin comprender que a la postre somos únicamente público de otros protagonistas. Esta idea, en cadena, me recordó otra que llegó a apasionarme en la infancia. Se trata de una caja de galletas. Su logotipo dibuja a un niño. Éste sostiene otra lata en cuya etiqueta el logotipo vuelve a repetirse. Lo relaciono con el infinito, así al menos se lo comenté al General, ocasión que aprovechó para remontar el río histórico de las matemáticas y llegar a la esencia fluvial del Nilo. Los egipcios, dijo con voz didáctica y suave, un tono con el que disfrutaba, desconocían el poder esencialmente abstracto de esta ciencia; así, si a un constructor, un creador de inmensas pirámides, esa clase de horribles monumentos elevados sólo para alterar la paz de los desiertos, se le hubiera preguntado qué era una línea, su respuesta nada habría tenido que ver con puntos, sino con la sencillez física de una cuerda. Y, tras pensarlo, decidió seguir su discurso en temas de edificaciones monumentales: A la pirámide le falta gracia, se la puede considerar como un obelisco achatado y torpe, como un símbolo de una virilidad incapaz de manifestar su poder, incapaz de entender la función amatoria en lo orgásmico como arte; el obelisco, por el contrario, es el virtuoso, el violinista, el genio en la emoción.

Nosotros éramos los observadores observados, así que, haciendo una reverencia, saludé al joven, lo había conocido noches antes en Villa Varsovia. Nos presentaron y no volvimos a dirigirnos la palabra. Su cultura exigía de él un comportamiento hierático, un aire sagrado y una ligera atención a sus maravillosos pequineses, perros —se comentaba— traídos en valija desde la Ciudad Prohibida y a cuyo cuidado y atenciones su servidor dedicaba tiempo y energía. El resultado estaba a la vista, las capas de piel de los gruñones animales habían sido teñidas con extraños colores, púrpura, amatista y rosicler; y aún más, la invención de un peluquero de moda les había practicado cortes de pelo de atrevidos diseños como homenaje a las grandes artistas del cine italiano, divas que el joven oriental conocía de secretas referencias del mismo modo que algunos colegiales conocen las partes más aparatosas de la anatomía humana. Lo divertido de todo este asunto lo ignoraba el importante hombrecito y sus criados: el pequinés, la raza de perro cuyo origen se remontaba a las divinidades de la China, y cuya posesión se reservaba a la familia imperial, en esta ciudad mediterránea y cosmopolita, esencialmente vital, estaba a la orden del día. Porteros, menestrales, cocheros y gente de toda clase y educación habían llegado ya a tal aburrimiento con los pequineses que, cuando una perra de la raza paría, se hacía necesario sacrificar la camada. Su posesión era signo o de escasa elegancia o de mal humor. Daba la coincidencia de que sólo ancianas ariscas, de ésas que llegan a obsesionarse con los gatos, se avenían a criar y cuidar pequineses. Una conspiración nunca fallida liberó al joven oriental de conocer este pequeño drama canino.

Me olvido del hombrecito, y parece que él también se olvida de mí. Llueve, la pecera lo es más que nunca. El acompañante del muchacho amarillo abre, no un paraguas, sino una altísima sombrilla hecha de placas de baquelita en la que, con arte y destreza, alguien ha pintado uno de los deseos de este joven. Lo veo tan distinto a los otros miembros de la colonia, tan diferente, que, interesado por cuanto hace, no dejo de apreciar en él y su corte cierto aspecto circense. Cuando por las mañanas baja al Mediterráneo —un mar cuya transparencia, profundidad mitológica y escandalosa rotundidad en el horizonte no llega a comprender— pienso que de un momento a otro va a tomar unas varillas finísimas de bambú, cimbrearlas en el aire, mientras unos platos de extrema fragilidad se sostienen en las puntas de las varillas. También en otras ocasiones me parece que él, su criado y sus perros pequineses van a avanzar cogidos fuertemente hasta llegar a la espuma de las olas al romperse, y ante ellas, las olas, inclinarse, esperando, con la falsa humildad del artista que mendiga o exige el aplauso de su público. Todas estas ideas, asociaciones de imágenes, me han convertido a la postre en un aplaudidor de este singular sujeto. Nunca lo hago cuando hay público delante. Sé que le molestaría; mas cuando lo veo solo o con sus perros me vuelvo hacía él, me inclino reverencial y simulo el gesto, sin sonido, de una larga ovación. El hombrecito se deshace de su aspecto hierático, olvida su particular tratado de urbanismo, y con un leve esfuerzo me dedica una sonrisa o, para ser más exacto, el boceto de una sonrisa.

Sigue cayendo una lluvia nerviosa y apresurada. El joven oriental ha desaparecido, nadie, salvo yo, parece recordarlo. En la pecera, los clientes se mantienen fijos e indiferentes a cuanto no sea el *ballet* diagonal de los camareros espías. Solícitos, sirven a este o aquel extranjero bebidas que nadie ha pedido. También traen confusos mensajes que algún aparato lógico de espionaje o contraespionaje sabrá poner en el orden de lo comprensible. Pero sigo pensado en el pequeño hombrecito, en el joven chino, en ese color que altera el gris formal de la colonia. Es significativo que me preocupe, y tanto, su indiferencia por este mar. Me gustaría tener una larga conversación con él, decirle de ciertas filosofías, pensamientos nunca escritos, vividos únicamente a orillas del

Mediterráneo. Aquí —le explicaría— el existencialismo lo era antes que, en el proceso del pensamiento progresivo, las cavas parisinas registrasen un «sistema» con ese mismo nombre, y antes que la dicha y el gozo y ese orgasmo sin límites ni frontera que llegó a obsesionar a D. H. Lawrence. Nunca nos entenderemos; él, de seguro, adora sus mares, océanos creados para ser medidos por exageradas metáforas, y ¡ay de aquel que ose calcular la extensión de los mares de China!

Una singular ceremonia en la que el hombrecito puso en funcionamiento toda su imaginación (no libre al modo occidental, sino sometida a modelos tradicionales en las formas, repeticiones de estructuras ya utilizadas por los poetas chinos, dentro de las cuales el salto imaginal se producía en un espacio mínimo) fue argumento suficiente para desistir por mi parte del intento de conversión a lo mediterráneo de aquel extraño individuo. Una mañana lo vi bajar, no sin cierta dificultad, por los acantilados que cierran parcialmente la bahía a los vientos. Me sentí complacido con aquella sensación de sombra en marcha. A contraluz sólo veía su silueta; debo rectificar, un conjunto de siluetas: algunos de su casa lo acompañaban sosteniendo entre todos el hilo invisible de una cometa hecha de seda negra, y la jaula y el ave que torpemente revoloteaban en su interior. Al entrar en la zona fría de luces del amanecer, dejaron de ser sombras para incorporarse a la extensión serena de la playa, una superficie llena de sugerencias plásticas, reclamando todas ellas algún parentesco con la muy en boga pintura metafísica italiana. El hombrecito y sus acompañantes caminaban en un decorado impropio de su cultura. Se podía decir que se movían en los límites de las valoraciones extrañas imposibles de compartir.

Por mi parte me limitaba, curioso, a seguir cuantos actos iban realizando. Estaba seguro: algo especial iba a suceder.

Al fin llegaron a la orilla donde una jábega preparada para zarpar les esperaba. Ya en ella, los remeros se dispusieron a navegar (una palabra excesiva para un trecho tan corto) hacia el Peñón del Cuervo. De repente lo entendí todo, para ello me fue suficiente con identificar el ave. Se trataba de la oscuridad intensa hasta el lustre de un cuervo. El muchacho quería hacer de una expresión imperfecta (un peñón al que le daba nombre un ave nunca vista en él) una realidad poética. Cometido un esfuerzo inútil —lo normal hubiera sido repoblar con parejas de cuervos aquella mole varada en el Mediterráneo—, el joven me sonrió a la vez que, alzando una mano, me hacía un saludo a la europea.

La gente de por aquí hablaba mucho de aquellos chinos. Decían que, amparándose en la rareza que produce un extranjero cuyos rasgos no coinciden además con los del país (la raza en definitiva), y so pretexto de ser la educación y cultura china un enigma aún para lo occidental, se hacían pasar por aristócratas, exiliados de la Ciudad Prohibida.

Desconfiaron aún más cuando un camionero, un conductor hoy de carga de pescado y antaño hombre de altos vuelos geográficos, aseguró haber visto al joven y a sus acompañantes trabajando en un circo en el que también cantaba y movía las caderas una occidental que había llegado a tener fama como cupletista. Se la conocía como Flor de Té de Pequín y también como La Mujer del Chino. Otros, por el contrario, veraneantes relacionados con negocios tenidos por no claros, hablaban de aquel raro muchacho y de cuantos lo acompañaban o servían como pertenecientes a la mafia amarilla de unos llamados Mandarines del Loto, una organización turbia y en extremo peligrosa, y aludían a la amapola, al opio y a sus agujas literarias. Por su parte, la colonia extranjera, tan falta de una verdadera aristocracia, era sumamente condescendiente con «los amarillos» y los trataba con suma exquisitez, pero siempre a cierta distancia.

IX

Decae la tarde en *La sirena*. Arrecia la lluvia a extremos de oírse un leve repiqueteo en los escaparates. Tal si vinieran huyendo, entran Peter y Diana (Max, decididamente, ha debido quedarse en casa), saludan nerviosos a la clientela que los mira con escasa simpatía. Me saludan, y lo hacen con ligera cordialidad. La reunión en casa de Cristina ha sido socialmente útil. Están a punto de acudir a mi mesa y yo de hacerles un gesto invitándoles a sentarse, cuando una voz ronca y soez, cargada de sarcasmo, grita en *La sirena azul:*

—No disparen que estoy muerto.

De inmediato suenan algunas carcajadas, una señora se levanta y, con un gesto de extrema soberbia a la que ha añadido unas gotas de asco, abandona el salón.

Peter y Diana tropiezan. Se los ve muy nerviosos, olvidan que su meta es mi mesa. Peter aprieta los puños, se dirige a quien ha gritado el extraño sarcasmo. Es como un caballero de la Tabla Redonda, el héroe de una leyenda, mas su personaje está trazado en la nitidez de un vitral, pues cuando parece que va a agredir al soez vociferador se contiene, empalidece, abre la mano, los dedos le tiemblan y, tal si estuviera perdido, busca en la sala el apoyo de su joven compañera. De nada le sirve. El agresor le arroja a la solapa de su chaqueta de cheviot los restos de un café. Diana le toma del brazo y lo conduce amorosa hasta la última mesa del salón de té. Ambos se sientan, y cuando el ambiente parece serenarse un llanto silencioso, humilde, mínima expresión de dolor, acongoja a esta hermosa muchacha pelirroja. Es Peter, más sereno, quien se encarga de consolarla. Pienso que quizá debiera acudir en su ayuda, mas sé que la obligación, el deber social de cuantos hemos asistido a este desdichado asunto, es fingir no habernos dado cuenta de nada.

X

Tuve la sensación de estar ante una imitación deficiente de Rodolfo Valentino. El criado, que se apresuró a abrirnos las puertas de Villa Varsovia, había sido elegido por su imprecisa semejanza con el actor, parecido que la dueña de la villa había acentuado dándole a la mirada un sombreado de cine mudo y una palidez enfermiza al rostro. Era un tiempo en el que los valentinos abundaban en todas partes. Los había gígolos de poderosas ancianas de la vieja Europa; también podían encontrase valentinos especializados en bailes de disfraces o valentinos acomodadores de cines, en los que, exclusivamente, se proyectasen películas del divino italiano. Los modales de éste dejaban mucho que desear conforme a los mínimos exigidos —suponía yo— por una Rypin.

Si bien mi entrada en Villa Varsovia tuvo algo falso, de mala imitación, al poco, cuando Cristina se hizo, no lo más importante de mi vida, sino lo imprescindible en mi existencia, supe apreciar la debilidad que aquella criatura de mis irrealidades sentía por lo pretendido y fallido, y por cierto aspecto caricaturesco en cuantos objetos y personas la rodeaban. Se diría que deseaba brillar en un ambiente en el que la autenticidad hubiera sido sustituida por el pastiche. También, con el paso de los días, la aceptación de esta idea me hizo sentirme inseguro en presencia de aquella mujer, ¿pertenecería yo a su mundo secreto en el que lo verdadero era una condición indispensable para no ser arrojado del paraíso, o me asimilaba a la farándula de titiriteros de ocasión y cómicos de poca monta que tanto necesitaba en ciertos momentos de su vida?

Si la presencia del criado no merecía el aplauso, menos aún su actuación. Torpe, con un tono de voz quebrada (la identifiqué como propia de la gente de mar que vivía en las barriadas próximas al Peñón), nos fue casi empujando hacia un salón dorado por el efecto encantador de unas velas que, al repetir su luz en los espejos, bañaban el ambiente de un sepia luminoso sólo comparable al efecto de las viejas fotografías en cuya composición la plata tiene cierto protagonismo. Un color ambiental. Años más tarde los directores del cine de la decadencia y la añoranza lo intentarían reproducir en sus películas. A duras penas nos deshicimos del sirviente para convertirnos en parte —de eso se trataba aquella noche— de la decoración de la casa.

Me reconocí comparsa en aquel escenario. Nuestra presencia más viva se limitaba a esos destellos con los que pintores como Rembrandt consiguen en un marco de penumbra dar una total sensación vital. Poco a poco la vista se fue acostumbrando a aquella nebulosa y se dispuso al difícil oficio de distinguir y confundirse entre tinieblas. De repente descubría el fulgor sangriento de unas buganvillas presentadas como inmensos y desordenados ramos en jarrones cuya calidad y factura las sombras ocultaban. También las risas y las palabras brillaban como si no hubiera relación de causa y efecto entre imagen y sonido. Pero ya distinguía el susurro cadencioso de la voz de Cristina. Como un insecto deseoso de cumplir la breve tarea de la polinización me iba dirigiendo hacia ella. Antes de alcanzarla debería conocer a cuantos invitados estaban allí en una noche donde el Mediterráneo entero ardía para satisfacer el deseo de una extraña mujer, olvidar el ritual sagrado de la noche del mar y entregarse a un espectáculo de cámara cuyo papel principal corría ya a cargo de un fuego distinto, un fuego domesticable. Sin darme cuenta me llegó la voz de la Baronesa:

—Cristina es así, aunque le parezca vulgar el símil, ella desea ser postre, sólo postre. No lo tome a mal. Será preciso, antes de saludarla, conocer a cada uno de sus invitados, y también a los que no han sido invitados. Entiéndalo como caprichos del alma eslava.

Me dejé guiar por la Baronesa, parecía conocer bien el caos particular de aquella casa, un caos con el que también me familiarizaría hasta acabar llamándolo el estilo de los Rypin. Cristina Masterman tenía la rara cualidad de hacer recordar a sus amistades su apellido de soltera, ello le permitía aludir a los orígenes principescos de los Rypin.

Nos encontrábamos en un salón de amplio espacio, libre de columnas, sin nada que pudiera dar la sensación de apoyo y sujeción a un vacío arquitectónico. Para evitar posibles confusiones entre el clamor del fuego de la playa y el que ardía en esta casa, se había tenido la precaución no sólo de cerrar las ventanas sino de correr las cortinas. Las risas y el sonido empezaron a acoplarse, a tener sentido, y también, sin ninguna relación evidentemente con la vista, mis otros sentidos se agudizaron. Entonces percibí el olor caliente de la azalea hecho mezcla con el sándalo que entibiaba la cadencia repetida de un concierto barroco.

Descubrí al fondo del salón, presidiendo un juego de tapices en cuyos hilos se reproducían las alegorías de los sentidos mayores, una mancha de rojos, púrpura, carmesíes y cárdenos, un milagro de colores vivos, intensos colores que quisieran traspasar las barreras de los lienzos y pinceles para ser sólo valores cromáticos, centelleos sin sostén alguno. No pude contenerme y lancé una exclamación al identificar el motivo principal del decorado: un buey en canal, réplica del modelo plasmado por el pintor maestro de la luz y la opacidad, cuyos efectos la dueña de la casa intentaba imitar fielmente. La inmensa res, abierta como una cámara secreta sostenida por un costillar donde lo opalino y lo turquesa, el índigo, el cobalto, la debilidad enfermiza de los celestes y los otros azules de bellísimos nombres, completaban el delirio de los rojos, remedaba aquí, en una parodia plástica terrible, los usos sociales del adorno floral. ¿A quién se le puede ocurrir la locura de utilizar como pieza maestra de este retablo la carnalidad de un buey? ¿Con qué clase de mujer voy a vérmelas? Sobre bandejas de plata de ostentoso tamaño se habían colocado las vísceras del animal, teniendo mucho cuidado al hacerlo de lograr combinaciones de suaves tonalidades en las que volvían a repetirse el esplendor colorista de las piezas mayores.

Más tarde, supe de la intervención de un decorador lleno de osadía y atrevimientos decadentes; sin embargo, aquel artista, traído especialmente de París para la celebración de una noche de cámara en la que el fuego sería, apartado del mar, el protagonista, hubo de limitarse a seguir las instrucciones de nuestra anfitriona en la manera de practicar o realizar un arte menor cuyo espacio comprendía el ocio, los entretenimientos y los viejos juegos de una sociedad ya en crisis. Y en el insensato proyecto de transgresiones, la idea de la carne era de su exclusividad. Al decorador se le habían dado instrucciones de cómo lograr ciertos barnices para resaltar unas veces la fuerza, otras el dramatismo y, las más, la suavidad de la policromía de la res. También se habían requerido los servicios de un anatomista cuya misión se reducía a evitar, por una noche, los efectos desagradables de la descomposición de aquel insólito decorado.

—La imprudencia ha conseguido una sensación que ningún adorno floral hubiera logrado —comentó la Baronesa contagiada a su vez de un entusiasmo inusual.

Jamás la hubiera imaginado tan crítica y tan directa.

Tuve la sensación de que todo se hacía cómplice, todo parecía querer facilitar mi deslumbramiento ante aquella criatura extraña y maravillosa. La encontraba tan distinta y a la vez tan parecida a la mujer conmovida por un luctuoso suceso que había conocido en el marco de un jardín romántico. Si quisiera, me dije, podría volar, pero también mi silencio se hizo cómplice del momento y de nuevo la admiré en su perfil de figura egipcia. Era como si la belleza se fuera revelando por partes. Sonrió cuando advirtió en mí el deslumbramiento y quiso remediarlo —al menos creí que era ésa su intención— con una frase a tono con la decadencia del ambiente.

—Me han dicho que viene usted de lejos, de muy lejos, de un mar en cuyas costas se celebra el solsticio de verano con fuegos inclementes.

Qué serían *fuegos inclementes*, me pregunté, en un estado de desatino que resultó catastrófico. Y fui, más que inoportuno, osado en la respuesta:

—Sí, pero nadie me espera ni nadie teje ni desteje por mi pronto regreso.

No sé si molesta por la estupidez de mi atrevimiento, la pretensión no sólo de ser Ulises en su casa, sino de aludir a una Penélope celosa, hizo que me volviera la espalda, no colérica ni ofendida, sólo con una sonrisa artificial que alargaba la comisura de sus labios, y se dirigiera hacia otro grupo. Al instante, el Valentino de turno se nos acercó a la Baronesa y a mí para ofrecernos una de aquellas bebidas a las que se les había concedido, por una noche, un nombre diferente al propio. La obsesión por hacer de lo interior un remedo de lo exterior adornaba las bebidas con lunas y estrellas de hielo coloreado.

XI

Sólo la presencia de los invitados, su aspecto teatral, la participación de todos ellos en la fiesta *privada* del fuego, componía un retablo asfixiante en el que la naturalidad no hallaba sitio. La claustrofobia se estaba apoderando de mí y empezaba a sentirme dentro de un ascensor que estuviese suspendido entre dos pisos sin huella alguna de perfume. Me hallaba ante imitadores, malos imitadores de sus propios papeles a los que se les había hecho imposible el retorno a la espontaneidad. La densidad histriónica era muy perceptible.

Cristina se había aproximado al objeto central de la decoración y, tal como si realmente estuviese arreglando algunas flores, hizo un gesto similar ante aquella inmensa pieza de carne a la que ni siquiera llegó a rozar. Mientras la contemplaba a ella, incómodo por la torpeza al haber citado sin venir a cuento una anécdota de Ulises, empecé a inventariar a los personajes allí reunidos. Curiosamente los primeros que vi fueron los jóvenes ingleses. Mi repentino deslumbramiento ante Cristina los había situado en un plano secundario. Nada especial podía ocurrir entre nosotros. Hube de reconocerlo: de la joven pareja sólo la amable muchacha me interesaba, la criatura resignada ante un hombre roto por una serie de circunstancias que también carecían ya de interés para mí. Iba hacia ellos, dispuesto de una vez por todas a romper frío y convencionalismos, cuando, sin darme cuenta, sentí que caía en las redes poderosas de la *Viuda negra*.

Se me había ocurrido —nunca antes lo había hecho— llamar *Viuda negra* a aquel personaje ampuloso y gritón, alguien muy satisfecho consigo mismo al que a veces solía encontrarme en la playa. Un abogado de costumbres licenciosas. En cierta ocasión hube de ayudarlo cuando un hidrófobo se le echó encima dispuesto a agredirlo. El abogado se debatía en el suelo consciente del peligro y de estar perdiendo la compostura, ese invariable rasgo de decadencia que tan bien dominaba. Pude hacerme con su bastón y emprendiéndola a golpes con el terrible muchacho lo puse en fuga.

Se decía de este relumbrante personaje que, en su incontinente seducción, más de una vez había intentado atraer a la viscosa llama de su verbo a algunos de aquellos terribles muchachos que con tanta frecuencia provocaban pavor entre la gente del Peñón del Cuervo. Y también se comentaba que sus desdichas eran producto de un error de cálculo que afectaba al entendimiento, pues interpretaba como cómplices cuantas miradas se cruzaban con la suya. Por lo demás, es decir, en lo concerniente al trato con personas maduras, observaba un comportamiento ejemplar.

Don Porfirio, así se llamaba el personaje, era como una pompa de jabón que, a punto de ascender, hubiera reventado en el aire para hacerse mancha resbaladiza en el suelo, en cualquier suelo. Sobre todo disfrutaba oyéndose a sí mismo. Nada podía serle más placentero, salvo el elogio ajeno que casi nunca frecuentaba la avidez de sus oídos. Ahora me estaba dando las gracias en un discurso confuso que estuvo en un tris de iniciarse con la fórmula jurídica de «con la venia». Estaba convencido del mérito de sus palabras y quería reconocer el valor de mi coraje y mi valentía con aquel montón de adjetivos trufados de superlativos. Incapaz de hacer historia, su discurso giraba permanentemente en torno a un juego, una cinta sin fin de pequeñas anécdotas que, sumadas, no daban muestra del espíritu de una época. Un anecdotario, eso sí, chispeante y escasamente luminoso con el que deslumbrar a los veraneantes frecuentadores de su tertulia, una mesa de café en la que sólo los decadentes tenían asiento. Pero debo reconocer que quiso esmerarse. Llegó a proclamar sus veleidades republicanas: Dentro de un orden y sometidas, desde luego, a los más rígidos principios de urbanidad (dijo urbanidad, no me equivoco). En sus contradicciones declaraba también un particular reconocimiento al espíritu monárquico, capaz de mantener en la vida pública el arte de lo ritual. Aquel día su agradecimiento le llevó a las más arriesgadas confidencias:

—Ser masón —susurró— es la única posibilidad intelectual de ser romántico.

Como no podía escapar del agradecimiento de don Porfirio, dedicado a repetir los más osados e inteligentes párrafos de sus intervenciones forenses, decidí poner algo de orden en aquel insensato discurso y, de esta manera, llegar a conocer un poco más a las especies que poblaban los alrededores del Peñón del Cuervo. Mi objetivo fue sonsacarle algunos datos de los ingleses que, de modo tan inusual, ocuparon mi pensamiento y mis horas en los días precedentes a aquél en que me fue dado conocer a Cristina. El resultado fue negativo. Mi acompañante estaba memorizando una de sus intervenciones profesionales. En este caso no exageraba.

Estaba convencido, cuando la anciana actriz lo visitó —como también lo pensaba un público creador de una leyenda de pasiones en torno a esta cortesana real—, de que ya hacía años que había dejado de existir. Decidida, falsamente joven, dejó caer sobre su mesa de abogado una lluvia de fotografías amarillentas en las que sus formas, hoy anacrónicas, descubrían la gracia de una mujer, modelo por excelencia del cuerpo «reloj de arena», que tantos estragos había causado entre la realeza europea en los últimos años del XIX. Interesada y fría, su éxito y dominio entre los hombres —según confesó al abogado— se debían precisamente a su desinterés, a su distanciamiento de los caballeros que la frecuentaban. Jamás perdió la cabeza, y nunca experimentó la sensación de naufragar en un océano sin orillas. De inmediato, don Porfirio pensó, y así lo contaba, que aquel mito viviente sólo había conocido algo similar al éxtasis en el mundo secreto de las desdibujadas experiencias sáficas, y que las campanas, las campanas que llaman a rebato a la carne, y al alboroto a la dermis, a la epidermis y a todas las células que componen el edificio corporal, sólo habían sonado levemente, para esta dama, en los azarosos verdes de los casinos. Y ahora, una aficionada, una insignificante telonera, pretendía representar su vida para el celuloide, y, lo que aún era más comprometido, para un público que de ella guardaba la memoria que las diosas merecen. La atrevida usurpadora de su imagen era, ni más ni menos, la Bertini. Francesca Bertini intentaba plasmar la biografía de quien había tenido el valor (eso no lo dijo, lo pensó el abogado) de cambiar los reyes de uniformes y espadas por los de cartón y brillo de don Heraclio Fournier.

—Usted debe impedirlo. Soy el canon de toda una época, la Venus del tiempo que me tocó vivir. Mi verdad histórica no puede quedar al arbitrio de los intereses de una productora americana y de una gatita sin importancia.

Y al fin, como esperaba don Porfirio, que empezaba a verle color al asunto, la anciana se pronunció.

—Hay dos soluciones: o la película no se hace o...

La hago yo, pensó el abogado, que iba a concluir la diva; pero no, aquella mujer tenía los pies en el suelo y el corazón en el as de oros:

—... o la hace la Bertini, en cuyo caso deberé ser debidamente indemnizada por el daño moral causado por quien, sin llegarme a la suela del tacón, está dispuesta a parodiarme, usurpando mi imagen y dejando para siempre como retrato mío el de un ser angular y de poco mérito, cuando lo que debiera brillar es la plenitud llena de redondeces y hoyuelos de mi belleza nunca marchita.

Aproveché un momento de respiro del anciano abogado para entrar sin piedad en su verborrea. Había conseguido no sólo tener cierta audiencia, gozaba también de un cuadro de epígonos e imitadores. Así, no sólo padecíamos el incordio de oírle contar las mismas historias una y otra vez, sino que, cuando menos lo esperabas, este o aquel imitador podía martirizarte con alguna anécdota demasiadas veces oída de labios del abogado. Pensé: es la ocasión idónea para solicitar alguna información de la señora Masterman, pero, ¿qué amante desea confiar el placer de ir descubriendo las facetas de la personalidad de la amada a las murmuraciones de un viejo estúpido? Y decidí apartarme de aquella fuente de cotilleos.

Seguía obsesionado con la mención hecha de Ulises; por eso, al separarme de don Porfirio, intenté imaginarme navegando en la bruma de sepias de Villa Varsovia. También me gustaba la idea de hallar un puerto, Cristina: un puerto de navegación dificultosa, pues siempre alguna mesa, un invitado o el dinamismo histriónico del falso Valentino me apartaban de él.

Nada más iniciar la travesía, la mano del abogado, intentando retenerme, se convirtió en el mayor obstáculo. A toda costa se empeñaba en instruirme en el caso que con tanto énfasis me planteaba. Incluso me parece recordar haberle dicho —para librarme de él— alguna incorrección. Lo entendía de justicia pues no sólo, insisto, su intención me demoraba de Cristina, sino que debía hacerle justicia a la pobre actriz italiana, a la que, años más tarde, conocería yo, recompuesta imitación de sí misma, deslizándose con los brazos abiertos sobre una pared estucada tal como si fuera un friso modernista (la Bertini sólo sabía nadar, correr, caminar como las figuras de los frisos del modernismo) en el *hall* del Hotel Miramar, lugar de reunión de los escasos miembros de la alta burguesía provinciana que, a falta de una aristocracia nativa, había terminado, al menos en el remedo de lo gestual, por usurpar su papel. La Bertini sufragaba la estancia en el hotel con la venta, no siempre fácil, de unas acuarelas. Pintaba del natural y, siendo sus modelos las especies mediterráneas de los lepidópteros nocturnos, apenas descansaba.

Crucé las mesas adornadas de rica tapicería, los veladores cubiertos de mínimos manteles de seda sobre los que brillaba la plata de pequeñas bandejas con golosinas para distraer ese aburrimiento que se expresa en debilidad del apetito, doblé los pebeteros, los negros venecianos hechos mitad desnudez y mitad policromía aurífera, pasé ante Diana y Peter e hice como si no los viera, me crucé con el General recién llegado a la fiesta privada del fuego, estuve a punto de encallar ante una pareja cuya actitud me sobrecogía. Se trataba de un individuo delgado y excesivamente alto y una niña desdibujada y extraña que manifestaba, con demasiada rotundidad, el cariño hacia aquel personaje escapado de una de las primeras versiones cinematográficas de Drácula. Sin poderlo evitar derramé por el suelo, defendido por lujosas alfombras persas, el contenido de las cajas oferentes de cigarrillos de colores *El sueño de Miranda*, y ya creí encontrarme en el puerto deseado.

Se diría que Cristina estuviera esperándome. Me sonrió, dejando que la luz, ardiente y decidida, descubriera el otro perfil de su rostro oculto. Es, me dije, como desear la luna y estar a punto de tenerla en la mano. Vestía una túnica de corte clásico que contrastaba con el atrevimiento del tejido de diseño vanguardista de que estaba hecha.

La pensé navegando en el brillo imposible de un azul pavo real que, cuando se apartaba de la luminaria de la villa, la hacía palidecer de una manera favorecedora, pues eran sus ojos los que flotaban, señalando las rutas de nuevas navegaciones.

—También —me dijo, demostrando no sólo un positivo sentido del humor sino desvelando un punto secreto de su intimidad— esta túnica ha sido tejida y destejida y, como puede ver, definitivamente ha recobrado, no diría su utilidad, es una palabra que aborrezco, pero sí su sentido estético.

Fue cuando, rompiendo mi modo habitual de comportarme con las mujeres que alguna vez me interesaron, la apreté fuertemente por la muñeca. Hube antes de deslizar las pulseras que la cubrían. Al fin sentí la carne, el mínimo territorio de su piel y me estremecí de forma tan evidente que Cristina bajó la mirada.

Después hizo algo que era contrario a sus propios proyectos. Descorrió uno de los cortinajes, dejando que lo exterior, el bullicio del mar y de su gente se hiciera visible para cuantos habían querido hacer del fuego un asunto de cámara.

Lejano, el Peñón del Cuervo fulgía azabaches en medio de la Noche de San Juan. Pensé ofrecérselo, entregarla como dominio aquel pequeño territorio donde ella y yo, si así le parecía, elevaríamos un país soberano sólo para nosotros. Iba a hablar cuando la imagen del peñón basurero, realidad sin gracia, amontonamiento de desperdicios, me contuvo; pero, sin saber yo mismo de dónde me llegaba tanta decisión y fuerza, la tomé de la cintura y suavemente la atraje hacia mí. Iba a besarla, pero su risa se alzó, no prohibitiva, sino posponiendo el momento. Al menos eso fue lo que me agradó pensar. De inmediato, Valentino, con el maquillaje borroso por alguna caricia, nos ofreció una combinación cuyo encanto consistía en ser un licor de perfume afín al que ungía el cuerpo de Cristina. Vi cómo ella insultaba en un idioma extraño a su criado. Un idioma que, de seguro, éste no entendía. Advertí que le molestaba que alguien hubiera deshecho un parecido que con tanto cuidado ella había logrado.

Don Porfirio, cada vez más cerca, dijo en voz suficientemente alta para ser oído —como así gustaba— por el resto de los asistentes:

—La perfección suele especializarse en el arte de realzar aquello que no debe ser tocado.

Cristina hizo un gesto mitad rechazo y mitad agradecimiento. Después de observar el pañuelo manchado de afeites y colores que el anciano guardaba en su bolsillo, y la mirada que cruzaba con el criado, me di cuenta: mi hermosa criatura se había precipitado haciendo suyo un elogio lanzado en otra dirección. Fue un detalle sin importancia en un ambiente donde sólo las grandes transgresiones tenían lugar, pero sentí cierta conmiseración por ella, y la descubrí vulnerable.

Los invitados, roto el hechizo de la fiesta, se acercaban a la terraza. El poder de lo exterior, la seducción de los espacios abiertos, volvía a ejercer su mandato. Pero allí, en Villa Varsovia, la teatralidad no dejaba de ejercer su imperio, y los invitados, incluyendo a aquellos que sin haber sido llamados a la fiesta estaban en la casa, miraban absortos la playa, la bahía y el Peñón como un decorado en el que la vulgaridad de unos pescadores y veraneantes se movía únicamente para recibir nuestra aprobación o nuestro rechazo.

Las horas se precipitaban, y nosotros, sólo nosotros, nos entendíamos desde un silencio lleno de adjetivos, de nuevas palabras, de hermosos poemas a la carne deseada y al misterio de dos cuerpos a punto de encontrarse.

Muy alta ya la madrugada, despidió, uno a uno, a sus invitados y a los que no lo eran. Erguida y serena tuvo una palabra amable para cada persona. Yo, en la terraza, me había convertido —por indicación suya— en una sombra inmóvil, el amante que espera. Cuando nos quedamos solos pretendí, tomándola entre mis brazos, conducirla a la habitación —ignoraba cuál era— de sus sueños.

—Oh no, no —dijo en un susurro, sin dejar de añadir una nota mínima de humor vengativo—, quizá le esperan tejiendo y destejiendo.

Después, susurró desde una voz llena de promesas y complicidades:

—Por favor, por favor, venga a desayunar conmigo al mediodía.

Creí que era hora de hacer mutis, cuando el criado, como si tuviera instrucciones muy precisas, me condujo a un amplio dormitorio que presumí lindante al de Cristina. El falso Valentino abrió para mí la ropa del lecho, y al momento situaba sobre una cómoda, excesiva para un dormitorio, un neceser con lo imprescindible para que —así lo comprendí— no tuviera que ir a ninguna parte, y salió.

XII

Al amanecer me encontraba muy inquieto, no sólo no había soñado sino que ni siquiera había dormido. La falta de descanso me tenía tenso, ansioso, deseando ser recibido por Cristina. A la espera, el pensamiento se entretenía en jugar conmigo: ¿Y si Cristina perteneciera de verdad a la trama de ese sueño tantos años esperado?, ¿y si aquella bellísima y misteriosa mujer no fuera más que el triunfo de la irrealidad tantas veces esperada, frente a la modesta realidad en la que a diario quemaba la impaciencia y las horas? Lo objetivo en mi caso se limitaba al Peñón que no pasaba de ser un nombre poético para un accidente geográfico ni siquiera digno de mencionarse en los atlas más minuciosos. El Peñón, me dije, sólo existe en el deseo de los hombres que no sueñan o que se han conformado con una vida llena de aburridas costumbres, y en la cartografía militar. El General participaba en el inventario de las pequeñas realidades que la mañana y la espera de un nuevo encuentro con Cristina traían. El General, brillante y dispuesto a pasar siempre al ataque al grito pitagórico de ¡Todo es número! Y también en el inventario, moviendo la cola en una exuberante alegría canina, estaba la tímida solidaridad de un perro, Max, adoptante de dos ingleses desvaídos; y la Baronesa, como un libro de primaria para niños aristocráticos, un libro de cubiertos y modales; y Freud, el apasionante insensato que quería ser policía y que los Reyes Magos le trajeran una silla eléctrica para ir practicando. Freud, recapacité, también se merecía actuar en uno de los sueños que yo inventaba. La francesa, Harpo y el policía ni siquiera aparecieron en esta mañana de urgente repaso. Capítulo aparte me decía el viejo letrado: de existir en la otra realidad, su sitio estaría en ese sueño patológico y desajustado que llamamos pesadilla.

Pero estaba seguro de que el juego, la improvisación de esta mañana, confirmaría a Cristina en un lugar preferente en lo real. Era necesario, acababa de reconciliarme conmigo y con mi historia y me hizo gracia pensar que si aquel día de mi infancia hubiera clavado con la fuerza precisa y en el sitio adecuado el alfiler, sin lugar a dudas mi anciana pariente hubiera terminado sus horas libando, como una mariposa letal, en el cáliz de un hibisco; y mis fantasmas de perfumes flotantes en espacios cerrados hubieran perseguido a otros, y el amor sería para mí una experiencia usual y transparente y no este inagotable (y maravilloso) ejercicio de descomposición en la luz.

En tanto llegaba alguna señal, me entretenía observando la decoración de la pequeña *suite*, intentando por mí mismo, como un psicoanalista interesado no en la lectura de manchas, sino en la interpretación de los placeres de las artes plásticas, lograr algunos datos secretos relativos a la personalidad de Cristina, deducidos tanto del mobiliario de la habitación, de los cuadros que cubrían las paredes, como de la elección de la tapicería que vestían aquellos muebles, cuando un golpe suave en la puerta y la voz de Valentino, que ahora sólo se parecía al pescador que era, me susurró desde la más discreta de las complicidades: La señora lo espera. Y dicho esto, tal si aún le quedase cierto pudor por el papel al que Cristina le sometía, bajó avergonzado la mirada.

Había descubierto una mina en aquella abigarrada colección de cuadros, pinturas que igualmente me ayudarían a perfilar la personalidad de su dueña. Casi todos ellos de contenido histórico, pertenecientes al espantoso realismo del XIX, o a la proliferación de bodegones holandeses y ejercicios florales en los que insectos glotones y caracoles insaciables se disponían a devorar el motivo del cuadro, cosa que el pintor nunca hubiera osado hacer, pero que, sin embargo, confiaba a estos seres entre los que abundaban los coleópteros de colores metálicos y tonalidades de alta fantasía, colocados por el artista de tal manera que los colores complementarios dieran una nota de intensidad cromática al aburrido tratamiento del asunto.

Cubierto con una bata que el criado me había facilitado, inicié el viaje al encuentro de Cristina. Navegué unos minutos que se me hicieron siglos por el amplio pasillo que conducía a los dormitorios principales de Warszawa House (¿cuántos dormitorios?) y, al fin, dirigido por las indicaciones del falso Valentino, estuve frente a una puerta de una madera infrecuente en el Mediterráneo. Dos lienzos de grandes medidas vigilaban la entrada a aquella pieza, y digo vigilaban pues la temática representaba a dos cosacos dispuestos al ataque. Se trataba de una pintura francesa de cierto regusto napoleónico, dos cuadros sobrecogedores por lo inapropiado del asunto y por lo disparatado de estar allí expuestos. Más tarde supe, y llegué a respetar el afecto sentido por Cristina hacia aquellas piezas, que eran restos de un pasado polaco esplendoroso, anterior a lo que ella siempre llamaría «los terribles y también adorables años del exilio».

Me miró de frente, con claridad, sin gestos sofisticados. Pensé, estoy ante la mujer que mira el mar o que ella misma es mar. Le veía el rostro completo, no de perfil, y, nuevamente deslumbrado, volví a recordar a las antiguas reinas de Egipto. Me pareció extraño que antes no hubiera hecho memoria de su frente, ni hubiera reparado en sus ojos, sólo vistos como metáforas: mariposas ardientes en la noche. La belleza, exclamé con voz rota por la emoción, se ha revelado poco a poco para no deslumbrarnos de repente. Cristina volvió a sonreír, quizá le hizo gracia la inmensa cursilería de mis palabras, o tal vez le divertía verme siempre tan en despropósito ante ella respecto de lo que debiera y quisiera decir y no decía. También, como si tendiera un puente a la timidez iniciada la noche anterior, volvió al mundo de Ulises.

—He tenido buen cuidado en elegir yo misma y facilitarle esa bata, así no creo que haya que tejerla o destejerla para nadie. Si le parece, podemos desayunar —al decirlo señalaba una pequeña mesa, un mueblecito en el que el estilo Imperio se había hecho próximo y coloquial.

En dos copas venecianas, alguien, en extremo habilidoso, había batido un par de ostras en *champagne* muy frío.

Bebimos muy aprisa, y, en el triunfo de un silencio de fondo, la abracé. Su entrega tuvo un principio de absoluta pasividad y mientras la fui desvistiendo, conteniendo el deseo, ella permaneció inmóvil; sólo leves agitaciones y quedó desvestida. Tal si se desmayara, se abandonó al lecho. Me desvestí torpe, sin el ritual apropiado, y me coloqué muy próximo y paralelo a su cuerpo. Seguía inmóvil, mas con una sensación de permanente espera. Fue al acariciarla cuando no pude contenerme y lancé una exclamación. El lecho de aquella mujer única había sido preparado con pieles, abrigos y capas de distinto origen animal, pero lo que me hacía gemir en un clímax que adelantaba, a la vez que contenía la entrega, fue su perfume. Al fin, en mi vida, un ser real era soporte de lo que durante tantos años había sido para mí sólo fantasma y fetichismo.

—Lo sé —dijo con una voz pequeña que dibujaba gatos deslizándose por el respaldo de un tresillo de seda, o como si leyera, niña, tankas y haikus para una maestra muy severa en arreglos florales.

Lo dijo para mí sólo, y nunca llegaría a saber cómo aquella criatura me conocía tan perfectamente incluso antes de conocerme.

Sabía que siempre debería darle lo mejor de mi tiempo y, extendiendo de abajo a arriba mi mano abierta, más que acariciarla empecé a remar sobre ella. Era necesario conocer todo aquel mar allí acurrucado, y ella, suspirando profundamente, se dejó hacer. Pronto vendrían las olas y las marejadas, las galernas y de nuevo la mar calma y nuevamente la navegación, el canto de sirenas, una sola sirena y todo para arribar al punto donde se le desvela a los amantes el color de lo infinito y el regusto salobre de la muerte. Y me olvidé de mí, y al hacerlo, ronco y profundo, el mar que en mí dormía se descubrió como nunca, y también creí morir. Y navegamos hasta donde alcanzan las fuerzas de los hombres. Fuimos rey y reina en una noche trazada para nosotros con las luminarias y el esplendor del mediodía.

—Querido, deberíamos dormir un poco, soñar también un poco.

—Te parecerá extraño, no sé, pero nunca he soñado.

—Puede que nunca hayas soñado, mas, ¿quién no sueña en Ítaca?

—¿En Ítaca?

—Perdona el lapsus, me refiero al Mediterráneo, a Warszawa House, a Villa Varsovia.

Fue encantadora. En modo alguno tuvo la petulancia de decir, ¿pero quién no sueña conmigo? Y como si fuéramos niños la tomé de la mano y me hundí en la claridad de una noche iluminada sólo para nosotros. Fue entonces cuando el sueño se reveló dándole sentido a la espera, no al sueño, insisto, sino al momento de volver a navegar. Y, tras la pasión y sus resurrecciones, al fin llegó el sueño.

Yo, que siempre había deseado atravesar la línea del espejo, ahora sentía miedo. Temía la separación, me angustiaba la idea de apartarme de Cristina, me asustaba que los usos y costumbres de lo diario, las tareas por hacer pudieran apartarnos aunque sólo fuera un instante. Llegué a desear que de nuevo mis noches fueran ocupadas por los vacíos, los vacíos de aquellos a quienes se les ha concedido el poder de imaginar sin límites lo que en otros es sueño. No, sólo si ambos pudiéramos compartir el mismo espacio de una ensoñación o si ella me buscase en tanto yo igualmente la buscaba, cada uno en los territorios oníricos del otro, la cosa sería soportable. Cristina, tal si hubiera convivido conmigo una larga existencia, o hubiera compartido un mundo de aventuras comunes y me conociera mejor de lo que yo mismo me conozco, me tomó de la mano y apretándola, en tanto cerraba los ojos, adoptó la *pose* terrible de una ausencia total. De inmediato también cerré los ojos y hallé en aquel apretón de manos la serenidad bastante para iniciar el viaje a lo desconocido.

Fue inquietante, ambos tuvimos visiones de una realidad que nos era en exceso conocida. Compartimos, ahí lo extraordinario, el mismo sueño. Se trataba de una extensión de arena fácilmente identificable, pues, aunque su trazado se correspondía con las estructuras de la pintura metafísica italiana (una obsesión a la que antes he aludido), no había duda de que ambos estábamos en la playa del Peñón del Cuervo. Sobrevolaban negras aves la silueta cristalográfica de joya desmesurada del Peñón: Son los cuervos, oí que gritaba Cristina. Estaba dichosa: nuestra geografía predilecta recuperaba su entidad ante el poder de la palabra. Mas, cuando hablaba Cristina, un matiz extraño se percibía en su voz. Lejano y diagonal a la escena, el joven chino repetía, en un eco feliz, cada expresión, voz o sonido emitido por ella.

Debo reconocer —lo he pensado con frecuencia desde ese día— que, así como ciertos alimentos, especialmente ingeridos de noche, modifican el curso misterioso de las ensoñaciones, dándoles significados que dificultan y confunden la labor del psicoanalista, también la inclinación estética hacia algunos pintores o hacia este o aquel ismo puede incidir, como un elemento extraño, en la ensoñación, modificando su entramado, sus elementos, su argumentación y hasta las imágenes que la hubieran poblado. Y así, de entrada, la obra de Giorgio de Chirico había conseguido maquillar, deformándolo, el panorama del Peñón. Inesperado, el surrealismo especial y muy inteligente de Magritte se hacía interferencia en un sueño del que ya presumía compartirlo con otro. El Peñón era una inmensa amatista flotando sobre un mar de un azul exagerado, impropio, casi chabacano. No, en esta ocasión ni gaviotas, pagazas ni cuervos lo sobrevolaban, eran medusas. Impotentes y gelatinosas medusas se movían lascivas al caer empujadas por un viento lúbrico y sensual. De repente vi a Cristina: un paraguas de desmesurado tamaño, la pieza de un jugador de golf, la amparaba y defendía de aquel ataque estúpidamente lujurioso. Pero nuevas sorpresas me aguardaban. Entronizado en una silla eléctrica de la que se servía tal si fuera un dentista habilidoso, Freud, el falso Freud de la playa, me miraba obsesivo. Lo sentí por él. Lo habían amordazado para impedirle que pronunciara una vez más su discurso. No, no parecía molesto el joven demente con aquella broma pesada. Se le veía obligado a otros comportamientos y a otras actuaciones que estaba dispuesto a cumplir. Tomando un espejo inmenso en el que navegaban, nerviosas, pequeñas carpas, lo aproximó a mí, de manera que la distancia entre nosotros me permitiera verme en toda mi crónica personal. Fue grande el descubrimiento, pues yo, como un personaje de Magritte, aparecía vestido con una levita y portaba un paraguas en todo parecido al de Cristina. Las medusas —arreciaban cada vez más— se estrellaban contra mi defensa y quedaban adheridas a la tela donde, al poco, se secaban primero para fosilizarse de inmediato. Intenté llamar a voces a mi compañera, pero el joven chino, repitiendo mi eco, logró hacer incomprensible la comunicación.

Al fin conseguimos desprendernos de los paraguas, y, libres ya, tomándonos de la mano, avanzamos hacia zonas desconocidas del Peñón. Esto, evidentemente, era un despropósito, pues todos los que habíamos elegido para vivir aquel territorio lo conocíamos, arena y tierra, palmo a palmo. En estas zonas —resueltas por el misterioso hacedor onírico en reiterativos planos, multiplicados hasta el infinito—, haciendo guardia, creí ver con aspecto entre impertinente y severo al anciano abogado. Estaba muerto, y debía ser así porque en cada una de las réplicas de sus pies tenía puesto un rótulo que lo indicaba; no obstante, era suficiente con fijarse en él para descubrir que estaba vivo. Vestía igual que yo una levita de color pardo unas veces y otras sombra, y portaba una bocina de capitán de barco. Gritaba desaforado y sus palabras eran injuriosas y terribles para Cristina. Parecía satisfacerse en sus injurias y calumnias, y así hubiera seguido todo el sueño si no es por la diligencia con que nos prestó ayuda mi amigo el General anarquista. Contra toda costumbre en él venía uniformado y armado; eso sí, no se trataba de un arma propia de ejercito alguno sino de una escopeta de cazador con la que despachó más de treinta figuras del anciano vociferante.

Abracé a Cristina para tranquilizarla, y también para darle a entender que no debía creer en ninguna de las horribles patrañas que habían ensuciado la fragilidad de la simulación de la mañana (no hay tiempo ni en los sueños ni en las ensoñaciones), y volvimos a caminar por aquella arena intentando por todos los medios no pisar las palomas secas y abiertas en cruz que abundaban por todas partes. Ella me seguía. Molesta con el espectáculo y con el hedor de las aves, se cubría la cabeza con una pamela de cazadora sobre la cual un velo tupido y perfumado la hacía aún más enigmática.

De repente, descubrí que Cristina, en sus sueños, no usaba el perfume de mis fijaciones fetichistas, pero debo insistir: estaba tan entusiasmado con su compañía que ni siquiera le di importancia a un detalle que empezaba a ser ya sólo parte de la memoria de un pasado menor. Fue entonces cuando los vimos. Se cruzaban en diagonal y los puntos donde las líneas se cortaban correspondían al sitio donde Cristina y yo nos hallábamos. De derecha a izquierda bajaban Peter y Diana. La muchacha traía en brazos el cadáver del perro Max. Caminaban rápido. Se diría que huían, y así era, pues, al poco, la figura miserable y egótica del Doctor Harpo apareció en el horizonte. El psiquiatra se había fabricado un par de alas angélicas y blandía en una de sus manos una copia en cartón de la flamígera. Dando golpes al aire con su espada había logrado aturdir de tal modo a la pareja que tropezaba y caía con harta facilidad. Estuve a punto de vociferar para que Cristina me oyera y entendiera: Se trata de una burda teatralización de la expulsión del primer hombre y la primera mujer del Paraíso. Deseaba salvarlos de aquel horrible déspota, de quien se disfrazaba de científico y especulaba con la melancolía de sus pacientes (y de los que aún no lo eran) obteniendo pingües beneficios so pretexto de una laborterapia sólo rentable para él. En la otra diagonal bajaban igualmente huyendo los muchachos hidrófobos, ese grupo cuyo número nunca llegaba a conocer.

Estaba seguro de que no podía tratarse del seis (el número pitagórico perfecto: sus divisores —1, 2 y 3— suman exactamente su valor). Fue un espectáculo tétrico: la luz, el mar y el Peñón se redujeron a sombras tristes, y la apatía invadió el ánimo inconsciente del soñador. Y empezó la masacre. El sueño dejó de serlo para convertirse en pesadilla. Los hidrófobos, especialmente aquellos que padecían los terribles bozales, aullaban con verdadero terror animal. Sombras de caballos y caballistas, casi negros centauros, se echaron sobre ellos para escribir con su ira y sus armas terribles la crónica de la matanza. Tras la desolación y el silencio, se recuperó el ambiente general de aquel sueño; y es más, los colores acentuaron su alegría e incluso la playa abandonó su aventura metafísica para hacerse en todo parecida a la realidad.

El vuelo extenso y planeador de una gaviota nos distrajo por un momento y, cuando volvimos a mirar a la playa, fue mucha la sorpresa. Los hermanos, los gemelos, estaban allí desnudos y cada uno en su papel. El «modelo» realzaba su figura subido en unas rocas, en tanto que el «artista», nervioso como siempre, ayudándose de un lápiz, medía a la vez que estudiaba las proporciones de su hermano. No se hablaban, ni parecían guardarse el rencor y la crueldad a que quedarían reducidas sus relaciones en poco tiempo. Iba a hacer algún comentario a Cristina de aquellos increíbles muchachos cuando nos despertamos. Al parecer el sueño había dado toda su extensión, su medida y su misterio.

Lloraba. No entendía la razón de aquellas lágrimas, pero lloraba amargamente. La apreté contra mi pecho y supe que los sueños no traen la felicidad, que en lo sucesivo volvería a ser el que los inventa. Los inventaría todos para ella, únicamente para la mujer suave y entregada que seguía llorando junto a mí. Al atardecer, más serena murmuró:

—Como verás, hemos soñado o viajado juntos por la realidad que nos consume a cada instante.

—Y también hemos conocido el dolor que no es —al decir esto, Cristina, escondiendo su cara en mi pecho, se deshizo nuevamente en lágrimas.

Y la noche se fue abriendo hasta ocupar Villa Varsovia.

XIII

En cierta ocasión, un poeta razonable, un caso infrecuente de poeta, me advirtió sobre los abusos literarios en los que ciertos escritores suelen incurrir cuando, en ocasión del vacío imaginal, acuden a la lluvia, tal si fuera un recurso siempre disponible y salvador: La lluvia, llegó a decirme colérico, no es ni barniz ni marco que mejore o salve a la pintura; la lluvia es casi siempre una palabra húmeda e impertinente que, si fuera tomada a pies juntillas, obligaría al creador a cambiar el rumbo de su poema o relato y a vestir a sus personajes con gabardinas. El poeta, amante de las medusas, intervino: Sin embargo, explicó exaltado como siempre y pretendiendo que sus palabras no dejaran de pasar desapercibidas, la lluvia que abona los sustantivos y da lustre a los adjetivos es la lluvia interior.

No solía el poeta frecuentar *La sirena* y cuando lo hacía era porque tenía alguna frase preparada. Eran frases wildianas, pensamientos teatrales que yo apenas tenía en cuenta. En cambio, me parecían admirables los ejercicios de malabarismo verbal que llegaba a hacer para desviar toda conversación que se cruzara con la necesidad imperiosa de situar sus frases en un espacio neutro y conseguir, así, que su fulgor fuera inmediato. Siempre lograba encontrar, forzar, una línea de diálogo que justificase la chispa de su ingenio. Eran destellos verbales, y estaba seguro de que al día siguiente se repetirían en la playa. En lo concerniente a este asunto no tenía miramientos. Se decía, entre quienes le trataban (estaba escaso de amigos, sólo curiosos le seguían), que decir un sarcasmo se le se convertía en algo perentorio, y una vez pronunciado no sentía remordimiento alguno aunque con sus dichos perjudicase a uno de sus escasos amigos, o dejase en ridículo a alguien que en verdad no merecía ser tratado de este modo.

Me agradaba ver cómo los charcos de lluvia iban colándose bajo la puerta giratoria del salón, invadiendo, poco a poco, el pavimento de mármol. No eran los charcos, charcos de interior ennegrecidos en las orillas por las pisadas de la clientela, ni el relampagueo del neón en ellos reflejado, lo que me emocionaba, era la otra lluvia, la que arrecia en la calle, la que invade lentamente el espíritu del observador sin ninguna exigencia literaria. Me doy cuenta: mis preferencias coinciden con la frase del poeta, pero me molesta que tanta magnitud sea reducida, por un ingenioso, al tamaño de una aspirina. El verdadero desasosiego trasciende la arquitectura del poema y el mundo comprensible de las palabras.

Antipoética, la voz de doña Carla interrumpe mis pensamientos:

—Cuándo dejará de llover.

Su deseo fue coreado por los camareros para quien la vida empezaba en la calle, es decir, en todo lo que no fuera *La sirena azul*, y silenciado por la clientela que llenaba su ocio con las confidencias, los dimes y diretes de aquel salón de té tan singular.

Se murmuraba que el odio de doña Carla a la lluvia tenía otras causas, pues en realidad los días lluviosos acrecentaban los ingresos por consumiciones: Odia la lluvia, había dicho con perversidad el poeta meduseo, porque se le resfrían los senos; lo cual, añadió mejorando la respuesta, no deja de ser un despropósito, pues para enfriar esos pechos harían falta dos o tres diluvios.

Me sentía mal. La escena sufrida por Peter y Diana había roto pequeños cristales dentro de mí. Son cristales cuyo número debe ser próximo a lo infinito, si este concepto permitiese un tratamiento fraccionario. Cada día, y en más de una ocasión, los cristales vuelven a romperse, a sonar a vajilla cayendo estrepitosamente por una escalera. Me dolía la humillación y rechazo a aquella pareja a la que ya había visto en una noche de espejismos ser arrojada por un falso ángel de una playa sin más gracia ni encanto que los que, año tras año y por acumulación, le íbamos concediendo sus frecuentadores. Me sentía mal, de seguro hubiera abandonado también la *Sirena* si no fuera porque el acto de hacerlo en sí mismo era una afrenta a aquellos jóvenes y porque una cita me retenía en el lugar.

Con el paso de los días pude comprobar cómo el suceso —me refiero a la afrenta a Peter— volvía a repetirse cada vez que la pareja acudía al establecimiento de doña Carla, y no por ello ni el ofendido ni su compañera dejaban de frecuentar *La sirena*, ni se marchaban para siempre los clientes que, airados, abandonaban el local ante la presencia de éstos. Al poco de ocurrir el acto, insisto, repetido, Diana dejaba de llorar, el detestable personaje de las voces se calmaba, llegando hasta dar la impresión de ser una persona encantadora, un padre de familia de los que enseñan a cada paso las fotografías de sus hijos; y los que se levantaban en ánimo de cortar el incidente y conciliar a las partes, acudían de nuevo a sus respectivos asientos, dando lugar, eso sí, a breves discusiones con los camareros, dispuestos a exigirles una nueva consumición. Como consecuencia de ser testigo frecuente de este altercado, pude hacer un análisis profundo del comportamiento y la humillación de Peter y descubrí que la furia, el coraje y la indignación habían acabado por convertirse en un ritual. No obstante, al reproducirse la acción, las reacciones no se reproducían, ya que lo actores recobraban el estado pasional que les llevó al primer suceso y sólo en lo pasional podía decirse que actuaban, no representaban.

Abandonando toda indecisión me dirigí a la mesa. Diana, inmediata, me sonrió desde un fondo de lágrimas. Peter, más natural, dando la impresión de que nada de lo sucedido le concernía, en tanto que con una mano se arreglaba la corbata, me estrechaba la otra sin implicar, al hacerlo, ni más ímpetu ni más fuerza que los necesarios para que el acto pudiera definirse como apretón de manos. Después, me indicó que me sentara con ellos, y lo hice con una decisión que quería marcar la solidaridad sentida por la pareja fuera cual fuera la causa provocadora de tanta furia ejercida contra ellos.

—Los nativos del Peñón del Cuervo dicen que los ingleses somos muy cuidadosos a la hora de elegir un tema de conversación con las personas que no frecuentamos. Que evitamos la calidez en el asunto y también el perfil discursivo, pero no es cierto, así que, si le parece, podríamos hablar de...

Quedó indeciso.

Se estaba comportando de una manera terrible y caprichosa. Elegir como tema de una conversación, precisamente, la estructura de la misma parecía más propio de un ejercicio de anatomía, en la forma horrible de la disección, que del inicio de un acto cordial. Decidí facilitarme el camino.

—No soy experto en intuiciones, pero creo hallarme ante quien prefiere Auden a Eliot.

—Es normal que un inglés, en época de guerra, se decante en sus preferencias por un compatriota; mas si he de ser sincero mi admiración, y más que admiración, el placer de leer, lo encuentro en Auden. A Eliot le debo otros favores y cierta capacidad para distorsionar las vivencias más sencillas. De Auden he aprendido que cualquier realidad literaria puede llegar a ser tan fascinante como cualquier otra realidad real... Le ruego me dispense, no estoy correspondiendo a su amabilidad que, debo reconocerlo, me conforta, al comportarme como los del Peñón dicen que nos comportamos los ingleses.

Ni Peter ni yo teníamos deseos de conversar de poesía. Quizá hubiéramos encontrado la avenida mayor de la gran fuga tratando exclusivamente del vacío, o de los acontecimientos que suceden —esto era difícil de explicar— antes de que sucedan los acontecimientos irreparables. Debería haberle propuesto —contando de su parte con un mínimo de imaginación— que tomásemos los caballos del odio y ofreciéramos un espectáculo de hípica en *La sirena* asediada por la lluvia (¡al carajo con la lluvia!), saltando sobre las mesas de mármol, aterrorizando a los camareros, a las bellísimas judías de narices operadas por inexpertos cirujanos de una estética en mantillas, a los poetas estúpidos que han hipotecado su vida a las metáforas, a los vendedores de pasaportes falsos y a las tetas inconmensurables de doña Carla, y puesto que ya habíamos coincidido en Warszawa House, cambié de tema llevando o pretendiendo llevar la conversación al asunto que verdaderamente me interesaba.

Y a mí, entonces, en un entonces que adquirió valor de atemporalidad, sólo me interesaba Cristina; y si bien la idea de hablar de ella con el viejo abogado lo consideraba desleal y sucio, hacerlo con estos mártires del Peñón (así los imaginaba) me parecía candoroso y también un modo de estar más cerca de ella.

—Fue horrible lo de aquel pobre muchacho (me refería al piloto caído en el Mediterráneo). Además, el hecho de presenciar su destrucción nos obliga, desde las miserables veleidades del yo, a sentirlo participativamente. La proximidad en el dolor, las catástrofes, los siniestros, nos afectan de una manera distinta a como pudiera hacerlo la lectura de esos mismos hechos (me pareció útil a mis fines tomar, aun cambiando de tema, alguna referencia del mundo literario que Peter había ejemplarizado). Y también fue doloroso contemplar a la señora Masterman tan conmovida.

—El dolor acaba por convertirse en un objeto de cambio: ¿Quién me compra este dolor?

—William siempre fue una persona muy querida por Cristina —intervino Diana—, una persona encantadora, capaz de hacer de sus pequeños defectos verdaderos espectáculos. Recuerdo su probada inhabilidad para abrir una botella de *champagne*. Cada vez que debía hacerlo convertía un hecho tan simple en una verdadera comedia. No era raro que, cuando visitaba a alguien, conocedor del asunto, con un pretexto u otro lograra hacerle abrir al menos un par de botellas. Lo más divertido —Diana, distendida, sonrió como si acariciara un amable recuerdo— era que William era abstemio, aburridamente abstemio. Su relación con Cristina se inició...

Cierta dama inglesa, acompañada de un jovencito, se nos acercó. Salvo la decisión de compartir la tarde con nosotros, por lo demás, en Lady Wilder Power, todo era conspiración y conjura. Me divertía el papel de su acompañante, reducido a simples indicaciones, susurros y pequeños misterios. Lady Wilder Power era voluminosa y exagerada en su atuendo. Caminaba sobre unos coturnos especialmente fabricados para ella por un modista francés. Se sentía obligada a estas exageraciones muy acordes con la Inglaterra de Beardsley.

—Mi voz, el tono oscuro, nocturno, de mi voz, me obliga a vestir de esta guisa.

Estaba encantada de repetir una frase que había dicho en múltiples ocasiones, siempre que la presentaban. Y, evidentemente, la voz parecía fabricada en Luisiana para ella; si no fuera por su aspecto británico, oyéndola hablar se hubiera pensado que se trataba de un pastor negro, metodista, a punto de iniciar los oficios religiosos.

Años más tarde supe que Hermione era el nombre de aquella masa indecisa al caminar. Estaba lejos, muy lejos de pertenecer a la aristocracia británica. Pasada la guerra hubo de pagar muy cara su osadía. Mas aquella tarde, si bien su entrada había roto la línea de unas confidencias tan necesarias para mí, al instante ella misma se convirtió en una informadora excepcional.

—No me digan nada, he podido oír que hablaban de ese muchacho. Qué locura permitir que un joven tan educado, incapaz de cambiar un fusible (el ejemplo resultaba deplorable en boca de una aristócrata), pilotara un avión. Realmente hay que reconocer en su lamentable accidente un doble error, para ser más exacta, un triple error: el primero, el del propio William al solicitar el ingreso en la RAF; el segundo, el de la RAF al confiarle un avión; y el tercero, donde concurre de manera decidida la casualidad, que, al invadir el territorio de un país que presume de neutral, la batería de juguete del castillo haya acertado en el blanco.

Sin poderse contener, Peter, cuya situación personal debía aconsejarle discreción en estos asuntos, intervino decididamente irónico:

—Morir, al ser blanco, no deja de ser una broma pesada. Supongo que cuando derriban a uno de esos pilotos norteamericanos, a uno de esos negros... del jazz aéreo no dirán también que han hecho blanco.

Diana pareció incómoda con la simple y escasamente ingeniosa intervención de su compañero, y alentó a Lady Wilder Power a que continuase el relato.

Lady Wilder Power continuó una charla empezada por otros, como si, por un extraño fenómeno de telepatía, hubiera recibido mi pregunta:

—William Burker (así se llamaba el desdichado aviador) era el mejor amigo de Wylville Masterman, el ex-marido de Cristina. Creo que llegó a representar, y con éxito, el papel de ángel tutelar de la pobre muchacha, un papel en el que perdió las alas cuando las relaciones empezaron a ponerse desagradables en el matrimonio. Francamente, nunca llegué a entender por qué aceptó Cristina un esposo que, aparte de ser muy rico, ninguna otra cualidad positiva se le conocía.

Estuve a punto de abandonar la mesa. Me molestaba que aquella chismosa estuviera sibilinamente definiendo a la mujer que tanto amaba como a un ser interesado a extremos de casarse por motivos crematísticos con alguien cuyo retrato parecía poco satisfactorio. No sé todavía por qué permanecí sin decir nada, permitiendo que Lady Wilder Power siguiera un monólogo cuyo inicio anunciaba catástrofes.

—Es necesario reconocer —continuó— que ha sido Cristina quien, gracias a los términos del divorcio, ha dado algún esplendor a los Masterman.

—Dirá a los Rypin —intervino Diana.

—Querida niña, el esplendor de los Rypin, con dinero o sin él, es históricamente incuestionable. A Wylville Masterman y a sus industrias cárnicas, seamos claros, el simple hecho de haber estado casado con una de las mujeres más excéntricas de esta Europa en llamas debe bastarle. Wylville ha añadido al «encanto» de sus mataderos e industrias la importancia de haber emparentado con los Rypin. Lo de William era distinto, hay que reconocer una cierta gracia natural en aquel muchacho, una persona verdaderamente deliciosa. Resultaba simpático verlos, me refiero a Cristina y a su hoy desdichado ángel caído, en el Savoy. A veces se les reunía aquel otro jovencito, el hermano gemelo de William. No, no llego a recordar su nombre: sí, Jeremy, sin duda. De éste sólo se hablaba de sus rarezas, de su misoginia y de su devoción por esos retratos en los que la juventud se mantiene, permítanme la redundancia, rabiosamente joven. Ahora que lo pienso, ¿por qué no habrá asistido al sepelio de su hermano?

—¿Y su exposición?, ¿cuando será el *vernissage?*

Sentí una sensación extraña hacia Peter. Peter era especialista en romper diálogos, en cambiar de «emisora» en los momentos más inoportunos, aunque en este caso debiera estarle agradecido. Mi temperamento mediterráneo me exigía conocer, fuera por quien fuera, cuantas habladurías se propalaban de Cristina, y lo espantoso era que mi sed de noticias no distinguía entre la verdad y la hojarasca de rumores e injurias que podían caer sobre una criatura a la que estaba dispuesto a adorar de todos modos. Y me reconocí tan entregado a una mujer que nada que hubiera hecho o pudiera hacer iba a empañar nuestras relaciones.

—Es demasiado pronto para fijar la fecha, ya sabe las exigencias que me impongo. Puedo reconocer, sin ningún pudor, que soy una crítica demasiado dura con mi obra.

El acompañante debió hacerle un comentario sumamente interesante, pues, casi sin despedirse, nos abandonó:

—Lo siento, queridos, debo irme... Ah, y por favor, no olviden lo que estábamos hablando, será un placer agotar el tema en lo posible, porque, eso sí, conociéndome, dentro de unos segundos se me diluirán en la desmemoria las cosas de los Rypin.

La vi marchar, inmensa, románica con inútiles devociones góticas, tambaleándose entre las mesas y siempre asistida por aquel ser pequeño mitad parásito mitad rémora.

—Lady Wilder Power me conmueve, es un caso excepcional de espíritu de superación, aunque a veces la encuentro excesiva.

Me extrañó oír a Diana celebrar a aquella chismosa. Reconozco que no conocía suficientemente a Diana, mas en su retrato imaginal la había dotado de ciertas virtudes. Lo adecuado en ella hubiera sido —como toda crítica, nunca como alabanza— un espeso y pesado silencio.

—Me es imposible reconocer en esta señora ese espíritu excepcional que usted, querida Diana, le concede —me atreví a protestar, convencido de que, de permanecer callado, hubiera incurrido en complicidad con la cotilla que acababa de dejarnos.

—Sus intervenciones son frecuentemente desastrosas y llegan a causar malestar en algunos círculos, pero estoy de acuerdo con Diana —al decirlo le acarició con suavidad la mano—, no es frecuente encontrar a un disminuido físico con tan buena disposición y con un instinto de superación tan optimista. En ese sentido, Lady Wilder Power es admirable. Ha conseguido que muchos de nosotros olvidemos que es ciega.

—¿Ciega?

—Desgraciadamente, Hermione es ciega. Perdió la vista siendo niña en un accidente de tráfico. Tiene una memoria muy exacta de los colores, lo demás es creación propia.

Estaba perplejo y ademas deseoso de saber qué era ese además al que se había referido Peter.

—En eso, «en lo demás», querido Peter, discrepo —de repente era Diana la que se colocaba en actitud crítica.

—Perdónenme, tomen mi interés como un rasgo de mi carácter mediterráneo, pero necesito conocer ese además al que se refieren sin ponerse de acuerdo.

Debo convenir que, en esta ocasión, por lo que suponía tratar sobre un hecho extraordinario, ambos me instruyeron cumplidamente.

La tarde iba de interrupciones. El turno le correspondía a un camarerito, demasiado joven para ciertos servicios de espionaje, al que doña Carla le había encargado divulgase las condiciones climatológicas:

—Señoras y señores, acaba de dejar de llover.

Pensé en las villas próximas al Peñón, los caracoles empezarían a marcar con su plata el paso por los parterres, y la tierra, para satisfacción de los poetas amantes de los tópicos, olería hermosamente a humedad renovada. Al poco, el mismo muchachito, el informante en meteorología, paseaba entre las mesas y veladores de *La sirena* con una pizarra en la cual una mano pendolista había escrito: *Para conocimiento de nuestra amable clientela, la Dirección de este local tiene el placer de comunicarles que ha dejado de llover*. El poeta se puso de pie y con voz histriónica y sonora dijo en todas direcciones: Creo que esta lluvia se merece un aplauso. La gente, cansada ya de él, y ajena a la noticia meteorológica, permaneció en el local dedicada a sus pequeños quehaceres.

Evidentemente, los títulos de Hermione, Lady Wilder Power, tenían todas las trazas de ser falsos. Eso era algo conocido por la colonia extranjera, muy olvidadiza y tolerante en lo concerniente a la probanza nobiliaria y sólo preocupada, bien en abandonar Europa, bien en huir de aquel tirano, a quien el Charlot de las maravillas mudas y mímicas había inmortalizado en su lado más ridículo con un éxito inmediato. La ceguera de la supuesta Lady Wilder Power, por el contrario, era incuestionable.

Había logrado Hermione, ya de niña, cierto dominio sobre los nervios ópticos de tal forma que su mirada no fuera dispersa, volátil, sin objeto, como suele ser el mirar de los invidentes. Era muy lista y oportuna y siempre fue encantadora con personas débiles a las que llegaba a conmover a extremos de seducirlas con sus cuentos e historias, terminando por convertirlas en adictas a su palabra y a su imaginación. Ella, a cambio, exigía bien poco, sólo que se la orientase ante cualquier espacio desconocido (todos lo eran). Así nacieron en número considerable sus rémoras. Le indicaban con breves palabras (claves convenidas) la existencia de un objeto y la naturaleza del mismo. De este modo pudo defenderse en sociedad sin dar el espectáculo (le horrorizaba presentarse o ser descubierta como un ser limitado por la crueldad de la ceguera). Se decía que era dirigida por sus asistentes de igual manera que el capitán de un barco indica a sus oficiales su posición y la de cualquier otra nave. Quienes la conocían estaban dispuestos a corroborar este aspecto, ya que, si se le formula algún problema relativo a una operación difícil, de atraque o desatraque, ella siempre tiene la respuesta oportuna.

No satisfecha con sus logros, siendo ya una muchachita casadera (tema en el que nunca estuvo muy interesada, temía que el matrimonio terminase por secar el vuelo de su imaginación), pensó que todo arte, actividad, deporte, oficio o profesión exigen, de quienes los practican, un grado ideal de perfeccionamiento, y perfeccionarse en la invidencia fue su obstinada meta. Persuasiva, logró de uno de sus acompañantes que la llevase al *Albert Memorial*. El guía debía limitarse a darle unas claves someras sobre el objeto ante el que la iba a situar. Bastaban unas referencias tan simples como éstas: clásico, mármol, figura de muchacha, uno de sus brazos amputados, para que ella, en voz alta y decidida, de inmediato perorase sobre las ventajas del clasicismo. Lo clásico siempre es nuevo, aseguraba. Vean la textura de este desnudo, desgraciadamente mutilado por algún bárbaro. Observen con atención la calidad del mármol. Siempre he pensado, decía con extrema seguridad, que el desnudo masculino debe plasmarse en bronce; la mujer, las líneas de una criatura femenina sólo pueden expresarse con el color o con la elegancia del mármol.

Aprendió tanto e improvisó con tanta desfachatez, que acabó siendo indispensable en los debates celebrados en los centros sufragistas sobre el Arte y su proyección de futuro.

Pero el verdadero perfeccionista no tiene límites, y un día decidió, desconcertando con ello a sus «pilotos culturales», que su papel, en relación con el sentido de la vista, debería ser más activo y creador, y, sin más, reuniendo al pequeño grupo de incondicionales, les habló así:

—Queridos míos, creo, con sinceridad, que a la fecha hemos agotado los ejercicios visuales pasivos. Hemos hecho verdaderos prodigios en esto del ver y el mirar desde la noche física (siempre buscaba o una imagen o una metáfora que le evitara decir las palabras ceguera, invidente...). Ha llegado la hora de pasar a la acción: desde hoy, decir Wilder Power será definir uno de los más altos momentos de ese extraño suceso que la crítica ha llamado las vanguardias. Aquí me tenéis, dotada de un mensaje, una revelación que sólo puedo comunicar mediante la expresión plástica.

Y lo imposible, su locura y tenacidad lo hizo posible; o, al menos, simulación de lo posible.

Se hacía llevar lienzos, pinceles, colores, óleos y toda clase de disolventes. Fue sincera a su modo, pues se negaba a aceptar indicaciones de sus seguidores. Intuía el color (o al menos ésta era la explicación que daba a los escasos conocedores de su ceguera), y, tras tomar un tubo de óleo en sus manos, lo lanzaba, con cierta alegría, al lienzo, cuya situación, eso sí, se hacía señalar. También mezclaba unos pigmentos con otros según las «leyes áureas de la sagrada intuición», y, tras hacerlo, esperaba que la pintura estuviera seca —una cuestión de tacto— para raspar, rayar y volver nuevamente a la intuición colorista. Prefirió declararse abstracta, seguidora de un pintor ruso judío que no había alcanzado el éxito que debiera en París, y no sé cómo logró que la señorita Stein, la mismísima señorita Stein, le comprase un cuadro.

Gertrudis era lo bastante lista para darse cuenta, nada más hablar con ella, de estar ante una invidente; mas Lady Wilder Power no se amilanó y, dirigiéndose a la mecenas, le expuso la teoría que con los años le haría famosa:

—¿Qué puede haber de extraño en que una pintora sea invidente?, ¿acaso no era sordo el más grande músico de todos los siglos?

Muchas veces me imagino al Beethoven histórico de soporte de demasiados argumentos y justificaciones de tesis. La más cruel utilización del genio de la música la hacen las antiabortistas. Dicen, didácticas, desde la más ferviente moralina: Según sus argumentos usted hubiera interrumpido la gestación de un feto marcado por la sífilis, con una tendencia a la sordera, en el que todo apunta a un futuro desastre como persona. Cuando la abortista está a punto de decir que evidentemente, que le están regalando un ejemplo, la oponente, que sea dicho de paso, no distingue una sinfonía de otra, exclama triunfante: Acaba de matar usted al mismísimo Beethoven.

Pero aquella historia, si bien es cierto que llegó a conmover el corazón rico en dólares y elementales conceptos pictóricos de la Stein, en mi caso no varió para nada la antipatía hacia aquel ser engañoso y chillón.

Esperaba a Cristina y, pese a que el tiempo de la espera había sido intenso, provechoso en un sentido y demoledor en otro, empezaba a impacientarme. Entonces los vi.

Conducidos por una institutriz seca y enérgica, los gemelos entraron en el salón. Tuvo la institutriz cierta dificultad en convencerlos para que dejaran de dar vueltas y más vueltas en la puerta giratoria de entrada. Casi a rastras los condujo a una mesa. Hasta entonces no los había visto vestidos. Llevaban trajes de marineritos, muy de moda, y, como no se ejercitaban en el ritual que tanto me llamaba la atención, no pude identificarlos. Nada más verme me hicieron al unísono un saludo casi militar, impropio de niños. Me quedé mirándolos, me interesaba observar su comportamiento en un lugar público, y mi sorpresa fue mayúscula cuando, al poco, uno de ellos, el «artista», empezó con suma discreción a simular que trazaba un boceto del otro, el «modelo». Sin embargo, no debía ser lo mismo una actuación pública que privada, pues ambos abandonaron sus papeles y, muy quietos, se diría que jugaban a imitar a la gente mayor en sus maneras de estar en un café. Pero tampoco aquello duró demasiado. De repente, el que hacía de artista sacó del bolsillo de su camisa marinera una flor o algo muy parecido a una flor, y, haciendo una reverencia, la entregó a su hermano. La bofetada fue inmediata, la institutriz se había permitido la osadía de castigar en público a un presunto culpable de un acto demasiado barroco para una respuesta violenta. Los niños, con dignidad, no hicieron ningún gesto. Sólo el «modelo» se inclinó para recoger el obsequio de su hermano, y tampoco fue muy amable, pues lo deshizo no sin cierto desprecio. Iba a levantarme cuando la puerta volvió a girar lentamente para dejar paso a quien esperaba ya al borde de la desesperanza.

XIV

Era mi segunda mañana en Warszawa House, mi segundo día en la vida de Cristina y me sentía como un rey, un rey temeroso, no obstante, de perder su reino, su corona y, lo que era más importante, la dama que magnifica y da sentido a todo su poder. En el amor, en el transcurso del amor, a veces surge, como una manifestación de miedo o inseguridad, la sensación de que alguien puede exclamar jaque mate. Mas esta mañana me sentía alegre, en plenitud de mí mismo. Volví, sin necesidad de que ningún criado me lo indicase, a la habitación donde había velado mis armas. Me hizo gracia la expresión, pero la imposición de Cristina, la negativa a que nos conociéramos tras la fiesta, el posponer el encuentro a un amanecer tardío, adornado con un desayuno sofisticado e infrecuente, todo ello configuraba la espera como un acto de ayuno, al modo de la más florida tradición caballeresca medieval.

Podía ver, con más detenimiento, las pinturas que adornaban un largo pasillo, abierto rítmicamente, cada dos pasos, por amplios ventanales al mar y adornado en los entrepaños con cuadros todos ellos del tenor de los cosacos que hacían guardia ante la *suite* de Cristina. La felicidad, pese al feísmo de aquellos lienzos, iba aumentando. Caminaba, insisto, por el mundo delicioso y mágico de un códice, y en mis brazos el nombre de la mujer bellísima era mi lema.

Ya en el cuarto de baño, me llamó la atención el derroche y la magnificencia de su mobiliario. Las paredes no conocían el azulejo, jaspeados estucos soportaban el poder, la exageración en el tamaño de las telas de unos bodegones en los que de nuevo flores, batracios, mariposas y coleópteros esgrimían, en contraste, la luminosidad sorpresiva de sus rojos, amarillos y azules ante la sobriedad grisácea de verdes, sepias y tierras. En el centro de la habitación, cuyo suelo estaba realizado con teselas de mármol, una bañera de garras doradas con un espaldar elevado me ofrecía los placeres del baño. También me pareció excesivo que el mobiliario de aquel aseo estuviera todo él tapizado por gruesos terciopelos, sedas deslizantes y damascos, inapropiados para una pieza de tan alta y variable concentración de humedad. Incluso en los bodegones se advertía ya el daño, y el óleo aparecía acartonado y con grietas en algunas zonas. Pensé que Cristina tenía conciencia del peligro que representaba la inadecuación de aquellos cuadros y tapicerías en un lugar reservado para la higiene, mas también se me reveló otro aspecto de su carácter, el sentido de la precariedad en todo y el necesario e inmediato goce de la belleza o de lo que ella entendía por belleza al coste que fuera. Al fondo, se había dispuesto un gimnasio cuyo diseño era, por contraste con el ambiente de aquella habitación, funcional y vanguardista.

Estaba ya preparado para entrar en la bañera cuando un rumor, que venía de lo exterior a través de los cristales esmerilados de la ventana, me llamó la atención. Era un ruido humano, sin palabras, era como un deslizarse rítmico e inquietante. No pude contener la curiosidad muy activa en mí en aquellos días, y al abrir la ventana la luz entró a raudales y con la luz el secreto de un juego que ya me era conocido.

El exterior, en este caso, lo constituía un amplio solárium al servicio de una piscina que se veía distante, y, allí, inexplicables como todas las pesadillas, los gemelos realizaban su ejercicio de afirmación del yo, uno de ellos; y el otro, de la búsqueda de identidad en su propio hermano. Lo rítmico me había pasado inadvertido hasta ahora, mas el haber oído el movimiento de sus cuerpos, sin verlos, me explicaba el significado de aquel rito. Estos niños, sin darse cuenta, habían creado una danza en la que los gestos eran números, y los movimientos pura geometría para un espacio en el que el dos excluía a cualquier otro número. Me quedé sorprendido cuando, tras fijarse en mí, me dijeron al unísono:

—Buenos días, señor.

El agua en la bañera empezaba a enfriarse, así que me zambullí en ella y fui centro de aquel dilapidar de sedas, perfumes y colores. El espectáculo de los niños había descompuesto la perfección de una mañana que sólo a Cristina correspondía. La imagen de los gemelos era un capítulo añadido por el azar a un guión apasionante. Una intromisión perturbadora en un asunto principal. Tampoco era eso. Me pareció excesivo considerar a aquellas criaturas de un modo tan nimio. Son dos hermanos, me corregí, uno de los cuales, con un grave problema de desajuste en la personalidad, intenta completarse en el otro. De eso se trataba, pensé, y a la vez me dije que estaba entreteniéndome demasiado en el asunto de un *yo* y de un *otro* que sienten el terror de no ser ni siquiera él mismo. Pero de repente me situé en lo sorpresivo y en lo práctico: ¿Qué hacen estos niños en esta casa?

Terminado el baño me entregué con fruición a las caricias envolventes de las toallas puestas a mi disposición. ¡Hubiera sido tan agradable que Cristina hubiera compartido conmigo aquel baño! Nada más desearlo decidí que en lo sucesivo así sería.

No sé por qué abrí de nuevo el ventanal que descubría el juego geométrico de los niños. En realidad —no lo dudaba— tenía interés en saber si aquellos gemelos seguían aún o no en el jardín de su danza terrible.

Me miraron desde la claridad de su inocencia. Descubrí que guardaban algo y, arrogándome sobre ellos una autoridad de la que carecía, les indiqué con un gesto que me mostraran de inmediato lo que fuera. Uno de los hermanos, me era imposible distinguirlos, abandonando la representación, se aproximó a la ventana y me mostró lo que ambos ocultaban con tanto interés. Era una paloma, rígida, casi momificada. Con las alas extendidas tenía un ligero parecido con aquel Infante de Lancaster que, apergaminado, casi un Brinkmann, descubrí una mañana en un viejo convento manuelino de Évora.

Habló el otro gemelo:

—Está así desde hace una semana. La vimos caer. De repente, su vuelo cesó y la paloma cayó a nuestros pies.

Y ambos salieron corriendo, no sin dejar el ave abandonada próxima a la piscina. Me llamó la atención una fina cinta de raso que la paloma llevaba atada al cuello: Han querido resucitarla, o, al menos, hacer de ella una cometa. Y por una vez me fueron simpáticos los gemelos.

Había hecho traer de mi casa, por sugerencia de Cristina, alguna ropa. Al vestirme descubrí que había cambiado de tal manera que la vestimenta, que apenas me había importado hacía unos meses, adquiría de pronto una especial importancia para mí. Estuve a punto de perfumarme un poco, mas pensando que mi elección pudiera no ser del gusto de Cristina, renuncié a hacerlo. Me dirigí al salón. Ya nada quedaba del complicado arreglo de la fiesta. Valentino, con un chaleco de servicio, parecía esmerarse en limpiar la plata y los objetos que, desterrados aquella noche, volvían a recuperar su espacio de siempre. Al verme, con un ceremonial en todo desajustado, me susurró: La señora lo espera en sus habitaciones.

No llamé a la puerta, pensé que los inmensos cosacos estaban allí para negar la entrada a los no esperados ni deseados, es decir, a los otros. Fue una sorpresa, Cristina había recuperado el aspecto misterioso, el mismo que tenía cuando la conocí en el Cementerio Inglés. Más egipcia que nunca, parecía representar para mí una alegoría. Las pieles habían sido retiradas y se hallaba vestida con una túnica de hilo de extremada sencillez. A cada lado uno de los gemelos la acariciaba.

Me parecieron otros niños, no porque hubieran perdido el aire mitológico tan propio de ellos, sino porque se diría escapados de un friso, la representación de las virtudes matricias de la vieja Roma.

—Son mis hijos. Nacieron tan iguales que no hubo elección. Por una vez no hay Estanislaos en la familia Rypin. Te presento a Rómulo y Remo. Niños, saludad a este señor amigo de mamá.

Los niños, que aún permanecían sin vestir, se alzaron para alargarme la mano, en tanto hacían un saludo germánico, una inclinación con la cabeza.

—Y ahora, id a vestiros.

Vivo con Cristina un permanente deslumbramiento. Cuando la busco, le hablo o simplemente la miro, tengo la impresión de estar experimentando una sensación virginal nunca antes tenida, e intento describir, para mi propio placer, esas sensaciones. Me resulta imposible. Pero, insisto, también percibo en mis relaciones con ella una precariedad que me angustia. Me agradaría abrazarla desde una desesperanza que quiere salvarse en un mutuo hundimiento. Temo perecer en Cristina y temo que ella naufrague en mí. Nunca, nunca he amado tanto, y nunca me he sentido tan vulnerable. Cristina, libre ya de los gemelos, se alza y lentamente me abraza para, haciendo un suave movimiento, hacerme caer junto a ella. Le divierten algunas de mis expresiones y con una voz pequeña que sólo ella sabe modular me dice: Navégame. Y como un deslumbramiento doloroso se convierte en un mar de intensas calidades, un mar, molde y medida de este cuerpo mío.

Luz, vida, muerte: el sentido terrible de una destrucción constructiva, la proximidad a lo inexplicable, aquello que parece estar al alcance de nuestro deseo y nunca llegaremos a lograr. Lo infinito hecho medida, la contradicción. No sé por qué recuerdo una frase que habré de leer dentro de algunos años, mas lo imposible se presta a estos juegos: El erotismo, la afirmación de la vida hasta en la muerte.

Pero desmerecería este infinito corporal si lo redujera al mundo de lo erótico, de la misma manera que sería un contrasentido reducir a Cristina al centro de esa palabra tan comprometida al pronunciarla que es el amor. Mi relación con esta mujer no tiene centro, como tampoco lo tiene ese mar, ese océano sin orillas de D. H. Lawrence al que tantas veces me remito.

Fuera de nuestro abrazo, que no llega a agotarse, lo demás es lejanía. Se oyen las voces de los gemelos como un fondo casual, extraño y sin ningún interés. Todo lo que no sea Cristina me estorba, me molesta.

Los atardeceres con ella se llenan de pequeñas anécdotas en las que la intimidad adquiere especiales relieves. La veo arreglarse ante un espejo de luces doradas, pero debo fingir que no atiendo a su actividad. Sé que en los instantes de tocador odia tener testigos. Más adelante llegaré a entenderme con sus contradicciones. Es cierto que detesta ser observada en su *toilette*, y que ha convertido, cuantas cosas conciernen a la intimidad femenina, en un secreto infranqueable, pero llego a saber también que necesita ser mirada en estos mínimos detalles de tocador. Las atenciones a su belleza las reserva para la soledad más íntima y ni siquiera la *estheticienne* que frecuenta Villa Varsovia puede estar presente cuando la cosmética ejerce su tiranía. En verdad desea ser observada en este pequeño oficio de simular un ligero retoque.

—Querido, sería muy amable de tu parte que me acompañases a visitar a mamá.

Ignoraba la existencia de la señora de Rypin, y, dispuesto a complacer en todo a Cristina, acepté de inmediato, y en esta ocasión no sin alguna curiosidad.

—Tendrás que conformarte con verla. Desgraciadamente mamá, que fue una encantadora criatura, es ahora una niña preciosa. Un tanto caprichosa, antes también lo fue, pero su actitud era muy distinta.

Escribir es jugar con el tiempo, someterlo a los caprichos de la desmemoria y darle al acontecer una dinámica no siempre coincidente con la dirección, al girar, de las manecillas de un reloj. Digo esto porque, al recordar el encuentro con la anciana señora de Rypin, un encuentro al que me disponía, feliz de complacer a Cristina, puedo permitirme el lujo de adelantar la historia abocetada que de ella me hiciera, días después de los hechos que narro, mi siempre atento don Porfirio, el letrado al que, en cambio, nunca le admitiría confidencia alguna sobre Cristina. Tenía don Porfirio una extraña y maliciosa habilidad: sin llegar a la fabulación, las realidades de las que había sido testigo en su dilatada vida profesional adquirían, al ser contadas por él, según le conviniera, un aspecto mágico o perverso que las hacía sumamente atractivas.

La anciana señora de Rypin había sido de jovencita una niña encantadora, de decidida voluntad para complacer a sus mayores tantas veces cuantas se le exigiera una manualidad o la creación de algún detalle decorativo. Se la tenía en primer lugar por una criatura piadosa que solía elegir directores espirituales tan juiciosos que ninguno osó inclinar la voluntad de la muchacha a favor de las ofertas claustrales que eran muchas y a su manera exóticas; también se celebraba de ella su delicado amor por los lepidópteros; y, aunque no pudiera ser considerada como una entomóloga, sus cajas de cristal, en las que las mariposas disecadas componían gráciles adornos simulando flores, paisajes, vírgenes, santas y héroes polacos, eran muy celebradas, tanto que, al cabo de algunos años, abandonó la afición, cansada de donar cajas de mariposas a las señoras amigas de sus padres y de satisfacer las peticiones de las parroquias y cofradías religiosas, interesadas en subastar sus pequeñas obras de arte. Pero, sobre todo, sus progenitores alababan de ella el amor a la Historia, la verdadera Historia, una ciencia que excluía por principio el concepto de Universal; dejaba al margen, por entender que era suficiente con la dedicación que la burguesía polaca ponía en su conocimiento, la Historia de Polonia, y se volcaba sin límites, sin cansancio, ni hora para su estudio en la crónica de su propia familia, al extremo de poder precisar, sin temor a equivocarse, las fechas en que fueron adquiridos uno a uno los predios que llegaron a constituir el patrimonio de los suyos. Podía igualmente memorizar los años de cosechas escasas y los años en que la tierra fue generosa con sus antepasados. Esa misma dedicación la trasladó, una vez casada, a los orígenes y gloria de los Rypin, príncipes de la nobleza rural, a cuya familia se había incorporado al contraer matrimonio con un compatriota, el padre de Cristina, un apuesto militar que, gracias a los avatares históricos y más aún al escalafón, llegaría a ser general, General Stanislaw Rypin, víctima, en el 39, de la masacre de Katyn, una de las estruendosas crueldades que, a lo grande, la guerra —esa abstracción que algunos pretenden reducir a un caballo con un feroz jinete— suele ofrecernos con extrema generosidad.

La verdad es que cuando me fue presentada la anciana señora, del General sólo se tenía la sospecha de que pudiera estar en París en brazos de algunas de aquellas deliciosas muchachas a las que solía conquistar con cargo a los encantos del patrimonio familiar. Cristina, a ocultas de su madre, rencorosa en extremo en todo lo concerniente a las deslealtades conyugales, hizo cuantas gestiones estuvieron a su alcance con el Gobierno Polaco en el exilio, pero en Londres nadie sabía dónde podía hallarse aquel aturrullado insensato. Quizá papá haya encontrado al fin un amor verdadero, pensaba Cristina al ver que los saldos bancarios de los Rypin llevaban años sin provocar las sorpresas familiares a las que el General los tenía acostumbrados. Ese mismo día del año 43, el descubrimiento en el bosque de Katyn de una fosa en la que habían sido arrojados lo mejor del ejército y de la intelectualidad polaca, y la posterior identificación de los restos del padre, zanjó en rito de solemne funeral patriótico un suceso incómodo para cuantos frecuentaban a los Rypin.

—Sin embargo, la adoro —Cristina, cuando hablaba de la anciana, lo hacía siempre con acaloramiento—, pero no dejo de reconocer cuánto hay de contrario y de egoísmo en mi madre.

Inmediatamente se corregía y tal si se sintiera incómoda por decir lo que verdaderamente pensaba de su progenitora, añadía una suerte de elogios de imposible aplicación para cuantos habían tratado a su madre.

—No ha sido fácil compaginar un exilio demasiado movido con las aficiones de una entomóloga autodidacta. Nosotras hemos viajado por toda la Europa libre, pero qué digo, ¿es que acaso existe una Europa libre?, con centenares de cajas de cristal. Éramos como una comunidad religiosa huyendo en la Edad Media de los bárbaros mientras dejaban abandonados en la nieve del tiempo los huesos, las reliquias de los beatos y santos de sus conventos e iglesias. Y, pese al terror y las persecuciones, no perdimos ni una sola mariposa; y aún más, allí por donde pasábamos, fuera ciudad libre o tomada por los alemanes o los rusos, mi madre nunca dejó de asistir a los puntos donde acuden los entomólogos a vender y comprar los ejemplares repetidos. Y me pregunto, ¿y mi madre, que jamás salió al campo como es de esperar en persona tan aficionada, de dónde sacaba las mariposas repetidas? Siempre he pensado —es uno de sus más especiales encantos— que, como los buenos pescadores, no pescaba, se limitaba a comprar lo primero que le ofrecían. La mariposa es la única metáfora viva que nos brinda la naturaleza, y ella, sin saberlo, era coleccionista de metáforas. De pronto se enterneció. También, es preciso que lo reconozca, desarrolló una actividad sumamente poética. Durante mi niñez, en Polonia, mi madre decidió criar mariposas, y lo hacía en mi habitación, en mi lecho, bajo los tules que me servían de mosquitero en los días de verano. Sí, era muy hermoso despertar entre mariposas. Sólo me daba miedo el que algún día pudiera equivocarse y clavarme, como hacía con sus mejores ejemplares, un alfiler en la espalda. Muy hermoso, pero aquello terminó, al menos para mí, en horribles pesadillas y en una alergia provocada por ciertas flores frescas que se colocaban en mi lecho para que los lepidópteros libasen a su gusto. Mamá fue maravillosa, extraña, a veces antojadiza, pero siempre única.

Una tarde en la que Cristina y yo —tras un encuentro lleno de intensidades— nos perdíamos en los accidentes casuales, sombras, pequeñas manchas, aspectos inesperados de ciertas pinturas, y especialmente en la explicación de quiénes eran aquellos cosacos que hacían permanente guardia a las puertas de su habitación, se sintió inesperadamente confusa. Aún no llego a explicarme por qué la imagen del padre masacrado se le reveló de repente como una necesidad expresiva tan excluyente que, sin que yo hiciera ningún comentario, pareció necesitada de justificar la conducta licenciosa de un militar en el París del desenfreno y de cuantos tópicos conciernen al desenfreno. Y en vez de montar habilidosa algunos argumentos en su defensa se revolvió contra el pasado secreto de su madre:

—Aquella jovencita suave y sometida siempre a los mejores deseos de mis abuelos, también vivió sucesos horribles en la adolescencia. Muy inteligente, mi madre, que había adquirido un especial interés por la teología, logró cierto prestigio en el mundo pequeño y cerrado de los colegios de Varsovia como una hábil exégeta. Evidentemente disfrutaba con aquellos asuntos en los que la religión interpretaba ciertos conflictos; por ejemplo, la cuestión de si es lícito o no representar plásticamente a Adán y Eva con ombligo, ocupaba parte de sus disertaciones, llegando a conclusiones de cierto eclecticismo que, no del todo, satisfacían a sus replicantes; así, aseguraba que jamás se puede representar la figura del primer padre con esta señal, en tanto que a Eva, nacida de una costilla, sí se le podía dibujar o modelar una ligera cicatriz intercostal, nunca abdominal. Otro de sus temas preferidos, por la repercusión que de hecho tenía en lo concerniente a las épocas de ayuno y abstinencia, era la carne de manatí. En sus disertaciones clamaba: Pero, ¿y el manatí?, ¿es carne o pescado, el manatí?, tema de desconcierto entre una juventud no muy culta y desde luego ignorante de lo que pudiera ser el manatí.

Me divertía el especial encanto de Cristina al contar estas cosas, la manera de adornarlas, pero más que nada me satisfacía el verla junto a mí, y la deseé nuevamente, pero ella, entusiasmada con el calor de sus historias, me rechazó suave para continuar con las proezas adolescentes de una señora que empezaba a ocupar demasiado espacio en nuestras vidas.

—Mamá llegó a ser un espectáculo, un espectáculo vinculado a la fe y a las creencias. Ponía en la teología la misma pasión que después pondría en el estudio de las mariposas, aunque nunca se le ocurrió hacer un símil entre metáforas, creencias y dogmas. Por las referencias familiares que me han llegado de esa época, el interés por el circo teológico de mamá empezaba a perder adeptos cuando cierto arzobispo manifestó el deseo de conocer a aquella criatura prodigiosa, y la invitó a su palacio. Fue un deslumbramiento, o más aún, un incendio, o todos los incendios, pues mamá dejó de hablar de manatíes y ombligos para mostrarse fervorosamente partidaria del eclesiástico. Su aparatosa fe dejó de ser trapecio para convertirse en un delirio respecto de quien celebraba más sus encantos físicos que sus valores teologales, y cuando nadie esperaba la sombra de una herejía en Polonia, el país mártir por excelencia, católico por vehemencia, mamá manifestó una, según ella, verdadera vocación. Había sido llamada por el Señor para entrar en clausura. Hasta aquí el asunto tenía visos de agradable ortodoxia, pero cuando descubrió la índole de su llamada, ser monja de velo y clausura en la Congregación de aquel arzobispo, surgió el escándalo hecho susurro y discreción en todas las esferas de mi llorado país. Ni el arzobispo tenía orden alguna, ni pía institución ni congregación protegida. El prelado coincidía con mamá en el ardor recíproco, en un deseo incontinente por aquella criatura extraordinaria, por aquel Mozart femenino de la Ciencia Teologal. Y las campanas sonaron en Varsovia a ceniza y penitencia cuando el eclesiástico, sin encomendarse a más jerarquía que a su propio poder, creó, aprobó y proclamó la fundación de una institución religiosa sometida a su jurisdicción que, como característica, tendría la de estar formada por una sola monja, mamá. La poligamia, exclamó en público su Eminencia, ni siquiera puede permitírsele a Cristo; en lo sucesivo, cenobios, conventos y demás lugares de religiosas deberán constituirse en torno a una sola «esposa mística», y yo quiero daros ejemplo de ello. Nunca he llegado a saber los medios utilizados por su familia para reconducirla a una vida honesta que habría de girar para siempre en torno a la familia Rypin y al amor a las mariposas. El arzobispo ardiente fue militarizado y conducido por la vía diplomática y la presión de las fuerzas políticas (al servicio de mis abuelos maternos) a un convento penitencial de durísima regla, dirigido por unos monjes bárbaros de los que hubo de aprender la castidad forzosa y la tristeza que lleva a la muerte. Mamá consintió en contraer nupcias con el joven teniente Rypin, y, poco a poco, pareció no sólo desentenderse de la teología, sino olvidarse de las singularidades que de dicha ciencia había aprendido. Mi padre fue tolerante, una buena dote le hizo no sólo comprensivo respecto del pasado de su esposa, sino que avivó en él un celo de amor muy cordial por mi querida madre.

No pude contener una carcajada sonora y la abracé; y como la risa, como todo el mundo sabe, es anafrodisíaca, abandoné el lecho para fumar un cigarrillo, uno de *Los sueños de Miranda*, en la terraza inundada por la luz cenital de Villa Varsovia.

Inesperada decisión: lo narrativo dispone, para sorpresa de quien esto escribe, someterse al orden cronológico, así que voy ya aproximándome al acontecimiento del día, ser presentado a la anciana señora de Rypin.

Cerca de Villa Varsovia se alza, con el aire de la *Isla de los muertos*, una villa cubista cuyos volúmenes se someten a la tiranía de unos cipreses en tal cantidad que se diría que no sólo se alzan hacia el cielo, sino que se dan unos a otros codazos para hacerse sitio en el paisaje. Falta el lago que le da ese aire inconfundible del nuevo simbolismo al cuadro de Arnold Boecklin. Tras un breve paseo nos encontramos ante una cancela gótica cuyas líneas las divide un rótulo impropio del edificio: *Los geranios*.

—La casa estaba así cuando la adquirimos, y cambiarle de nombre hubiera supuesto un papeleo agotador que unas mujeres exiliadas no estábamos dispuestas a soportar. La verdad, resulta extraño ver a unas damas polacas viviendo en una villa bajo un rótulo que ninguno de sus compatriotas entendería.

No quise preguntarle por qué, en cambio, había afrontado todas las incomodidades administrativas a que dio lugar el que su villa se llamase Warszawa House.

También el anciano criado de la casa tenía el aire valentinesco del personaje que servía a Cristina. Caminando reverencial nos condujo a través de un bosquecillo de naranjos hasta dejarnos en una explanada. Allí, indiferente a todo lo que no fuera la muñeca que sostenía en sus brazos, la anciana señora Rypin no dio pruebas ni de interés por el visitante, ni de reconocimiento a la hija que ya le besaba la mano. Con recato y un ademán de criatura muy tierna, la vi desabotonarse su camisa preciosa de tiras bordadas y buscar y rebuscar la sequedad de un pecho para llevarlo a la boca de la muñeca.

Me apartaba emocionado, cuando observé y oí al poeta en un prolongado canto de intimidades y asuntos propios.

Cristina, consciente de mi estado emocional, señalando con discreción al vate, dijo en voz muy baja: Él cree que la pobre mamá gusta de sus versos, y por eso la visita casi a diario y le declama sus poemas adolescentes, sus versos del más tierno egoísmo.

XV

Apenas se quedaron unos minutos más con nosotros. Cuando les pareció que habían cumplido con el mínimo necesario para que no pudiera entenderse que se iban porque había llegado Cristina, se despidieron con extrema cortesía y abandonaron *La sirena azul:* Hay en ellos, comenté, algo de permanente expulsión, no del elíseo, sino de un ámbito más modesto, de los pequeños placeres de la palabra. Y al decirlo y oírmelo decir, los imaginé custodiados por un ángel de parda vestimenta y extremada elegancia, un ángel como esas criaturas inquietantes que en algunas pinturas de Magritte observan el destino de los hombres confiados a su guarda. Cristina sonrió: No creo que Peter y Diana cuenten con más arcángel que con Max y la sumisión que éste les presta. ¡Max, un perro arcángel!

Cuando parecía que nos quedábamos solos, Cristina hizo un gesto a la señorita encargada de los gemelos indicándole que acudiera a nuestra mesa con los niños. Aunque aún estaba impresionado por el maltrato inferido por aquella asalariada a los hermanos, absorto en el mundo de Cristina me limité a observar. Los niños besaron la mano de su encantadora madre que los acarició de forma muy parecida a como algunas señoras juguetean con sus gatos preferidos, y luego, fuera ya de todo protocolo, los besó y apretó contra sí. No habían pasado ni unos minutos cuando, señalándome, les preguntó: ¿Queridos, recordáis al amigo de mamá? Los niños, que empezaban a trazar líneas y dibujos con el azúcar derramado sobre la mesa, le respondieron que no sólo sabían quién era yo, sino que un momento antes me habían hecho el saludo prusiano que tanto complacía a su madre.

Para mi sorpresa, Cristina, en vez de corregir a los niños, deslizó también su dedo en el azúcar y con idéntico entusiasmo al de sus hijos trazó líneas y círculos sobre el tablero. Poco a poco la distracción fue aumentando su dinámica. Se empujaban, se reían. Eran conscientes de estar incurriendo en una pequeña transgresión, y también de perseverar en ella. Entonces fue cuando descubrí la singular relación de la madre, que ahora parecía ignorarme, entregada al mundo particular de unos jóvenes estrafalarios. Creí ver en la mirada de los hermanos una expresión de rechazo hacía mí, y no pude contener la risa al pensar en Peter y Diana y cuantas explicaciones había dado yo de su expulsión del Paraíso, sin darme cuenta de que, si alguno estaba siendo expulsado del Edén, ése era yo. Y fue mi risa, un elemento extraño al juego, la que desconcertó a Cristina. Vuelta en sí y, tras recriminar a los mellizos con ceño gélido, optó nuevamente por prestarme alguna atención.

—*Nanny* —dijo suavemente a la institutriz—, es hora de que los niños vuelvan a casa. Ya sabe, antes de acostarlos que se despidan de su abuela. Mi madre —mientras los niños se alejaban se dirigió a mí— los adora. Porque los confunde los adora. Un juego sin salida para tres. Mi madre fue una jugadora singular. El resultado del juego le ha sido siempre indiferente. Lo que en verdad le interesa son los mecanismos de la acción y el comportamiento de los jugadores. Como verás, mamá nunca fue fácil.

Fue una imprudencia, alargué mi mano, mejor, la dejé avanzar entre el azúcar y el brillo de barniz de la mesa, y al poco la tuve aprisionada por la muñeca. El deseo se manifestó en esa ocasión no sólo imprudente, sino cruel. Apreté los dedos, pinzando la muñeca hasta que el dolor se hizo prueba en sus labios, y aún así no la solté.

Demasiadas historias odiosas en una sola tarde para que Cristina pretendiera atrincherarse en un comportamiento grandilocuente, el de estar sometida en todo al dictado de las normas de los Rypin, y así, revestida en el orillo de una aristocracia de provincias, correr sobre su vida y su pasado un velo, y, lo que aún es más grave, alzar, sobre el legítimo interés de quien la ama y se cree amado, un muro cuyo espesor, aunque ella no lo crea, resulta insuficiente para ocultar cuantas conjeturas había hecho.

Pero no estaba dispuesta ni a someterse ni a dejarme, y para mi sorpresa bajó sus labios siempre oscuros y siempre dibujados en unas ondulaciones apasionantes y mordió la mano que la retenía; después, en tanto yo vendaba discretamente con el pañuelo la zona herida, me sonrió, invitándome a volver a la casa, y la casa, ese indeterminado que se llama destino, gozaba, en la provisionalidad de lo perecedero, del nombre de Warszawa House.

—Necesito saber —me oí a mí mismo suplicante.

Pero ella se sintió filósofo e inició una oferta de máximas, aforismos ocasionales sin otra intención que agotar la curiosidad insatisfecha.

—Es arriesgado establecer fronteras entre el amor y el conocimiento. Una investigación profunda para delimitar ambos conceptos —amaba los sofismas— daría lugar a consumir la existencia de ambos inútilmente al margen de lo que tanto deseamos. Sabes que te amo. Sé que lo sabes, porque un sentimiento, una devoción desbordada y desbordante como la que me eleva y destruye a cada instante es imposible que pase inadvertida a quien es su causa y su motivo.

—¿Pero antes, cómo eras antes?, ¿quién pudo alguna vez navegar en tus mares, reposar en tus orillas, buscar el fulgor de tus océanos?

De pronto advertí que la estaba siguiendo en un laberinto construido de palabras levemente emocionales, y corté aquella disparatada estrategia para ser directo, para cerrarle todas las salidas.

—Dime —le exigí—, ¿qué hay de esas confusiones que percibo entre ese hombre que fue tu marido y ese primo suyo que acabamos de enterrar?, dime, ¿cuáles fueron sus territorios y cuáles los tuyos?

—Querido —un cambio repentino le hacía tratar con calma unas cuestiones que, a falta de su sinceridad, seguían siendo sólo conjeturas para mí—, tienes derecho a saberlo todo, a conocer mis transparencias y también mis ofuscaciones, mas me gustaría seguir un cierto orden en esta aproximación a la verdad entre nosotros.

Ese día descubrí que Cristina era insincera, tal vez —es muy duro reconocerlo— mentirosa, y también llegué ese día al convencimiento no sólo de amar a un ser fabulador, sino también de estar dispuesto a una comprensión sin límites de ella y de sus incomprensiones. Y me propuse de una parte a someterme a su particular orden explicativo, y de otra a continuar, ya sin ningún escrúpulo, mis indagaciones entre aquella gente dada a hurgar en las vidas ajenas. Una decisión necia, pues fueran cuales fueran las hazañas y locuras de aquella mujer irreal mi relación con ella no se vería afectada en absoluto.

—A mamá le resultaste encantador.

Fue éste el primer disparate que hube de oírle. Cómo podía hacer un comentario sobre el juicio emitido por una persona que, a causa de una locura senil muy evidente, carecía de juicio.

—¿Te dijo algo especial? —era necesario que me mostrase interesado.

—No, sólo habló de la buena impresión que le causaste. Mamá detesta verme sola (como habrás observado es muy inteligente), intuye una relación especial entre nosotros. Ah, sí, cuando nos despedíamos me hizo una indicación, me sugirió que te preguntase si te gustaría ver sus mariposas, bueno, lo que queda de su hermosa colección... es una travesura que me cuesta perdonarle a esos niños.

—¿Los gemelos?

—Sí, claro, en Warszawa House los únicos niños son Rómulo y Remo.

No quise insistir, necesitaba hablarle de aquel Wylville Masterman, su marido, de por qué se casó con él; de su propia fortuna, y, aunque resultase odioso hablar de ello, de los Rypin, de la fábula o de la historia de los Rypin; pero más que nada necesitaba hablarle y que ella me hablase de William Burker, el amable descorchador de botellas de *champagne* que había perecido en una avioneta un día de luces y bañistas en el Mediterráneo; por último, de aquel hermano de William, Jeremy, gemelo de éste, como lo eran entre sí Rómulo y Remo. Sí, no quise insistir, mas era necesario que supiera que también tengo un orden, una sistemática en mis valoraciones, y que detesto a las mujeres que son infieles a espaldas de sus amantes y esposos, es decir, a las mujeres que, pudiendo ser libres, engañan. Era dolorosamente necesario, debía reconocerlo; pese a toda esa turbia historia que se me hacía cada vez más presente, la seguía amando.

—Dime, ¿qué hicieron los gemelos con esas cajas de mariposas que han atravesado Europa desde el norte para llegar a un sur luminoso y destructor?

Pero ella prefirió abandonar momentáneamente el asunto de los lepidópteros para dedicarse nuevamente a su madre. Así supe que Olga Rypin era una pieza decisiva en las patrañas de su hija:

—Primero adquirimos, tras pasar unos años en Londres, Warszawa House y casi de inmediato, tras liquidar ciertos valores que papá tenía depositados en París, pudimos hacernos con Villa Geranio, ese espantoso remedo de un cuadro simbolista demasiadas veces visto y más aún copiado. A mamá le gustaba, y eso fue decisivo para su adquisición. Mostró tal vehemencia ante los vendedores que éstos, rompiendo un previo compromiso, le subieron el precio de manera exagerada, que ella aceptó. Decidimos, en favor de nuestras respectivas comodidades, vivir en casas separadas, aunque los niños, muy pequeños en aquel tiempo, y yo, acudíamos a Villa Geranio casi todos los días por el placer de comer con ella. Mi madre, en aquella época, manifestó los primeros síntomas de senilidad, pero aún estaba muy hermosa. Su conducta se hizo rara. Decidió que la gente de abajo, los pescadores, la amaban. Hasta ahí la historia no tenía nada de especial. Sí la tuvo cuando empezó a hacerme confidencias, aseguraba que era correspondida. Y hube de soportar noche tras noche la presencia aquí de rudos muchachos que la manoseaban mientras se bebían su vino y guardaban las pequeñas cantidades —nunca fue generosa— de dinero que les daba. Me tocó el papel de ángel, y mi flamígera hubo de brillar con frecuencia en *La isla de los muertos*. Fue cuando empezó a odiarme, en ocasiones me susurró cosas terribles y me echó en cara la envidia que le tenía por disfrutar ella de hombres tan enteros y hermosos. Las visitas a un médico de la capital fueron inútiles, quizá porque estaba feliz de recuperar la edad de la inocencia. Al cabo de algún tiempo pareció calmarse, fueron meses de una particular disposición poética (no se me ocurre llamarla de otro modo). Decía a todas horas que esperaba un niño, un niño precioso, de mirar garzo y lleno de olas, y así transcurrieron las noches hasta cierto día de verano que pareció recuperar la razón. Al anochecer de ese día la vi acercarse al pequeño promontorio que separa ambas casas y que se abre sobre el mar. Fue terrible, la oí gritar hasta el amanecer. Era un grito desgarrado y doloroso que componía un nombre. Tardé en identificarlo. Al fin me di cuenta: estaba llamando a su arzobispo polaco, a la más turbulenta e insensata historia de su juventud. Había recuperado la locura para caer en otra locura, antigua ésta y familiar. Al alba, cansada, corrió, una actitud impropia de su años, a la villa. Volvió al poco. Traía algunas cajas de mariposas. Rómulo y Remo la seguían también cargados de cajas que ellos, sudorosos, no arrojaron al mar. Fue un amanecer extraño para mí, doloroso y de grandes intensidades estéticas. Mi madre había alcanzado al fin la enajenación silenciosa, ésa que entretiene con un muñeco que supone hijo suyo. Los niños, mis adorables gemelos, eran como joyas vivientes con los cuerpos ungidos del polen de las alas de las mariposas. Temí, al verlos tan locos, que se arrojaran al Mediterráneo.

Tuve la impresión de que iba a romper a llorar. Fui indiferente a cuantas emociones enfermizas me narraba, y, dando un golpe en la mesa, le grité:
—¿Y Wylville Masterman y William Burker?, ¿qué pintan en todo esto, qué ocurrió en Londres?, ¿y por qué esa extraña coincidencia de que sea Burker y no Wylville quien tiene gemelo, es decir, hermano de la misma naturaleza que la de tus hijos?

Abandonamos *La sirena* y volvimos a Villa Varsovia. Sabía que por muchos esfuerzos que hiciera no obtendría respuesta alguna. Me hube de contentar con sus lágrimas y sus historias, y, lo que es peor, con una puerta cerrada bajo la mirada feroz de dos cosacos.

XVI

Otoño en soledad duele. Hasta pasado el otoño no volvió a recibirme. Se negó a que abandonase la casa y fue muy precisa al dar instrucciones a Valentino respecto de mis gustos y necesidades. Recibí una carta en la que me decía no querer saber nada más de mí, y en la que, paradójicamente, tras rechazarme, me suplicaba con vehemencia que no abandonase Warszawa House. Necesitaba tenerme cerca, sólo eso. Siguiendo sus deseos permanecí en la casa. Aquel otoño, sin duda, fue el más doloroso de cuantos he vivido.

En mis largos paseos por ambas villas, solía visitar a la anciana señora. Siempre muy aseada y sonriente. Sonreía a lo inconcreto y a la nada. Se le había quedado una mueca de felicidad comprensiva, tal vez elegida en un intervalo de lucidez, para dar al menos la impresión de que era atenta y amable con cuantos la visitaban.

Cristina hacía que le cambiasen los muñecos con frecuencia. En cierta ocasión fui testigo de uno de estos cambios. Costó algún esfuerzo retirarle el muñeco viejo y sucio que se obstinaba en amamantar. Lloró, pero, cuando el nuevo juguete le fue colocado en su regazo, el brillo de una sonrisa, distinta a la premeditada, brilló desde una ternura interior que no le suponía.

La anciana señora era como una de aquellas hojas rojizas que esperaban el fuego amontonadas en distintos puntos del jardín. Terminé contemplándola con cierta simpatía. Me hubiera gustado conocer, visualizar el proceso por el que la locura senil desdibuja la memoria hasta convertirla en un caldo pastoso y despide la identidad del *yo* como los antiguos señores despedían a los asalariados inútiles para el trabajo. Empecé a estimarla desde la incomprensión, una experiencia desconocida para mí. Curiosamente, aquella anciana de vida disoluta y extravagante tuvo un significado en mi vida ajeno en todo a la circunstancia de ser la madre de Cristina. Me interesa el hombre pero también me interesa el paisaje humano, los espacios corporales, gestuales, dinámicos, en los que el hombre se realiza y llega a ser, con independencia del verdadero paisaje que lo circunstancial le construye de fondo. Creo que este particular interés mío debe tener alguna correspondencia con la literatura, es decir, con las irrealidades factibles de hacerse realidad. El paisaje humano también es, en mi caso, un coleccionismo.

Consciente de que nuestra situación era en extremo precaria y difícil de soportar, Cristina hacía lo imposible para que, a la hora de la comida, algún extraño nos acompañase. Y, si por las razones que fueran, la presencia de un invitado se hacía imposible, los gemelos eran llamados al comedor. Mi apartamiento de una mujer tan querida había desdibujado el interés por los chicos. Ya ni siquiera me llamaba la atención encontrarlos en su ballet geométrico de las aproximaciones y rechazos. Sabía que ambos necesitaban de la desnudez, pues, siendo el otoño desapacible, no tenía sentido que se despojaran de la ropa para practicar su particular liturgia. En los escasos días en los que Cristina me permitió ser feliz, albergué el proyecto de hablarle del comportamiento de los gemelos y de cuánto de patológico intuía en sus distracciones. Ahora sólo me obsesionaba volver a ocupar el lugar que viví y morí en aquellos amaneceres, cuando ambos navegábamos el uno en el otro.

Ese intenso otoño, en el que la misma soledad estuvo a punto de desprenderse de mí, como en algunos relatos mágicos la sombra se desprende del cuerpo, pasaron por Warszawa House los personajes más asiduos al Peñón del Cuervo. Cristina presumía de conocer mis predilecciones. Las más de las veces era el General el que nos visitaba cargado de números e historias de números. En atención a Cristina solía disertar sobre el valor de las mujeres matemáticas. Gustaba hablar de la alejandrina Hipatia, hija de Teón el matemático, muerta a instigación de Cirilo, patriarca de Alejandría, a causa de su fervor por la lógica y los números. La llamaba mártir de la razón, y solía, de su cosecha, fabular en torno a la vida de una mujer muy hermosa que se negó a casarse por estarlo ya con la verdad. También acudían otras matemáticas notables por su ciencia, o simplemente por la curiosidad que habían representado sus vidas en épocas en las que las ciencias, el estudio de las ciencias y su comprensión, le era negada a las mujeres.

Si hubiera podido, habría obsequiado a la anfitriona con un ramo de números *perfectos*, es decir, de aquéllos cuyos divisores suman exactamente su valor. Desconocía mi viejo amigo la aversión que Cristina sentía hacia la exactitud numérica y hacia las abstracciones en general, y, sin embargo, la creía experta en la materia. Siendo niña, su educación estuvo centrada en los rudimentos de una ciencia, si así puede llamársele, que practican algunos diplomáticos, consistente en una discreta mímica por la que se da la impresión de estar no sólo interesado en aquello de lo que se habla, sino también de entenderlo con facilidad.

La sombra y la presencia del Doctor Harpo tuvieron el honor de ser llamados a la casa. Afortunadamente ocurrió sólo una vez; pero, sin duda, quien batió el récord en las frecuentaciones fue el joven amarillo. Su presencia complacía tanto a Cristina como a mí. En estas ocasiones se disponían lujosas vajillas y cuberterías en las que la plata inglesa del XVIII se completaba en la elegancia de las empuñaduras, viejos marfiles en cuya palidez fulgía en oro el escudo de los Rypin. Y como centro de mesa siempre había alguna carpa girando en una pecera, o algunos nenúfares suspendidos en la diafanidad del agua retenida en jofainas de plata sellada en las Indias Occidentales.

El más espectacular de todos los asistentes era, sin duda, el viejo abogado. Debía anotar con sumo cuidado las anécdotas que contaba porque, pese a su edad, no solía repetirlas. Él mismo era su primer oyente y, si bien engolaba en el inicio de su narración la voz para subrayar que era él quien hablaba, poco a poco su disertación adquiría tonos naturales o confidenciales, dependiendo del tema de que tratase. Se permitía don Porfirio privilegios que, pese a ser del peor gusto, le eran consentidos por Cristina, por lo demás muy estricta en materia de urbanidad. Así, nada más terminada la comida, se hacía servir una pequeña fuente de plata diseñada con alegorías de cuál era su utilidad, y en ella, con un ademán despreciativo, abandonaba la dentadura postiza que, al decir de todos, le era tan incómoda que, para hacer el amor, solía prescindir de ella. Sus besos están vacíos de boca, había dicho un jovencito desvergonzado. Fuera toda incomodidad, gustaba el viejo picapleitos cerrar la sobremesa con historias picantes que, al recordarlas hoy, parecen precursoras de la prensa amarilla.

XVII

En otoño, el Peñón del Cuervo se entristece. La playa se convierte en el basurero del mar, un cementerio de raíces, cañas, rizomas y despojos de otras tierras. En ocasiones, las aguas aparecen turbias por el barro que arrastran los arroyos de los alrededores. Son pocos los que frecuentan la playa. A veces surge de estampida el viejo Freud. Unas mañanas corre de aquí para allá como si estuviera ocupado en una persecución de maleantes. Otras, se le ve buscando maderas y raíces entre las algas, nunca aquí excesivas. Cuando reúne algunos palos se emplea en ellos, simula que los clava unos a otros. No dice nada pero cuantos lo conocen piensan que Freud está al fin montando, haciendo posible su más hermoso sueño, la silla eléctrica.

Asociamos la imagen del otoño a bosques y arboledas de hoja caduca, una asociación que a mí me es complicado entender: otoño es la desolación, la negación de la dicha y su símbolo es el mar, tal como se presenta en esta época.

Otoño es una meditación preparatoria para la estación invernal. Se diría que el Mediterráneo está enfermo, que una fiebre consume su esplendor, que su fuerza no es más que malestar, dolor de agua y marejada. Hasta las gaviotas vuelan de otro modo. No podría explicarlo, quizá me valiera decir que también el mar pierde sus hojas, esas hojas que no vemos, y que sólo la melancolía las deshace en espuma en las arenas.

Arriba, como siempre, el Hispano-Suiza de la señora sigue aparcado. Un coche de escasa utilidad, el sueño de quien —dicen que su propietaria está convaleciente— lo mira inventando carreteras y paseos, lugares de felicidad y encuentros por donde evadirse. Un coche que ya sólo circula por las avenidas de la nostalgia y la melancolía. Puntual, el chófer suele cambiar en los búcaros, suspendidos junto a las borlas de seda que ayudan a guardar el equilibrio en las curvas peligrosas, los heliotropos por pequeños ramilletes de violetas africanas. Un poco más abajo, pero próximo a la carretera, un paraje de esparcimiento reúne, aún en los días adversos del otoño, a los fieles al mar.

El muchacho amarillo, el hombrecito y yo hemos llegado a intimar. Las comidas en Villa Varsovia han ayudado a ello. Mantenemos una amistad de presencia exclusivamente, es decir, no hablamos, y no sólo por la cuestión de los idiomas, que en todo caso sería salvable, sino porque parece suficiente con que nos mantengamos el uno frente al otro. Diría que, sin ponernos de acuerdo, el joven oriental y yo nos consideramos recíprocamente parte de un paisaje. Es un divertimiento infrecuente. Consiste en mirar un rostro y, tras concentrarse en la observación, imaginarlo como una montaña, una roca o cualquier otro accidente geográfico. No obstante, esta relación aparentemente inexpresiva sería incomprensible para todos si no mediara algo que, a falta de las palabras y las construcciones orales, justificase un deseo de comunicación casi objetual que por mi parte no niego. También el muchacho ha debido tener un pensamiento semejante, pues esta mañana ha llegado puntual a la cita, mas no lo ha hecho solo. Un criado lo acompaña y, cuando nos ve reunidos, tras entregarle una caja lacada se retira. Con habilidad, el hombrecito descubre el interior de la caja, un precioso juego de ajedrez tallado en marfil y en el que las torres son elefantes, los reyes ancianos sabios y respetables, las reinas cortesanas risueñas y felices y los alfiles los encantadores escuderos que dan razón de existencia a la corte y hacen infieles a las reinas. Los peones han sido tratados de manera artesanal y despreciativa. Unas figuras son blancas, o, mejor dicho, del color natural del marfil; las otras, rojas, parecen ya dispuestas al combate. Pienso que tanto este muchacho como yo somos dos anhelantes de la naturaleza inmóvil. Permanecemos las mañanas y parte de la tarde mirándonos ante un ajedrez extrañamente en paz.

    Al atardecer, cuando la luz se hace cómplice de la confusión, el rostro del joven chino me parece, en silueta, una roca nacida de las sombras. Dejo de observar a mi compañero de simulaciones ajedrecistas para atender a ese plano de intensos grises que es la playa. Sé que van a suceder en líneas generales las mismas cosas que ocurren todas las tardes, pero no puedo sustraerme a la necesidad de observar.

Primero son las voces, confusas, venidas de aquí y de allá. Voces en movimiento para ser más exacto. De inmediato, la mezcla de grises, y, ya en grupos de seis o siete individuos, la playa es tomada por los muchachos hidrófobos. Nunca he llegado a saber si a esta hora su actitud es lúdica o simplemente guerrera. Alguien, y por algún motivo incomprensible, se empeña en que vistan de gris; es decir, pretende acentuar en ellos el aspecto de sombras terribles y huyentes. Hablan de ciertas organizaciones filantrópicas, mas de carácter autoritario y puritano, que suelen dirigirlos. En ocasiones solemnes se les hace salir en procesión, van en filas vigilados por guardas muy estrictos a la hora de castigar cualquier insubordinación. Componen un cuadro que desagrada mucho a los extranjeros. Incluso el joven chino demuestra con sus ademanes la consternación que le causa ver a los hidrófobos sometidos a la tiranía lineal de las filas procesionales. Los prefiere libres, aunque supongan un peligro. Los sabe confusos, vehementes en sus creencias y seducidos por los sofismas que el propio doctor Harpo —esto es sólo una duda razonable, o, para ser más exacto, un indicio— les suministra.

Se obstinan en no hablar y gustan de imitar unas veces el ladrido del perro asilvestrado, otras las del lobo. De esta última imitación deduzco que son gente que ha llevado un hábito de vida muy distinto al que ahora padecen, pues no existiendo en esta costa lobos, su imitación, muy bien lograda, debe ser consecuencia de otros medios de información, acaso el cinematógrafo. Una tarde, sin advertir el daño que le hace al General hablar de los hidrófobos, le planteé mi hipótesis. Se limitó a darme la razón, añadiendo desde una tristeza que se averiguaba profunda: Mi hijo era, antes de unirse a ellos, muy aficionado al cine. Especialmente disfrutaba con algunas cintas cuyos guiones se inspiraban en la obra de Jack London.

A medida que va oscureciendo la agitación es mayor. Los grupos se reúnen. No hay duda, luchan entre ellos mordiéndose unos a otros. Muestran especial crueldad con aquéllos que llevan bozales. En sus forcejeos llegan a levantar nubes de polvo y cuando la noche es muy intensa, de una manera arcaica, aprendida en otra época, en alguna asociación juvenil de excursionistas, hacen fuego. Para ello, antes preparan piras con el material arrojado por las aguas. Cuando las hogueras son suficientes más que para dar luz, para calentar, se desnudan y la contienda se hace más salvaje. No obstante, tengo la impresión de que en ellos prevalece un principio animal: el de no causar la muerte al contrario... pero aquí, ¿quién es el contrario?, ¿y por qué causa luchan tan fieros y desesperados? Creo que nunca lo sabré por una razón muy sencilla, porque ellos tampoco lo saben. Presumo que son los inducidos al odio.

Con la oscuridad pierden la sintomatología rábica tan patente en otros momentos, pues, cuando han luchado hasta la extenuación, aparecen uno o dos de los celadores que los vigilan en los actos solemnes y les arrojan trozos de carne y también cabezas de chivos que ellos devoran con avidez. Sé que la sociedad filantrópica que presume de la labor que realiza asistiendo a estos infelices ha consultado, no a un médico dietista, sino a un criador de perros de presa, sobre la alimentación que les conviene. Devoran los cráneos y los limpian de carne con tal afán que, al amanecer, mezclados con las caracolas mediterráneas, componen extraños bodegones surrealistas.

—Es un dolor verlos así —me dice afligida la anciana viuda de un pescador—, son los horrores de la guerra. Ellos antes no eran así. Jamás los hubiera imaginado arrastrados y desnudos como animales.

De sus palabras creo deducir, especialmente de ese «antes», que esta mujer los ha conocido en días mejores. Decido interrogarla, aprovechar la buena disposición a hablar para hacerme una idea más clara de lo sucedido con esta pobre gente. Mas la mujer se extraña de mis preguntas y rectifica: Nunca los he conocido, nunca, ni a éste ni a aquél, a ninguno, pero eso no viene al caso, forzosamente tienen que ser consecuencia de la guerra, ¿o es que se imagina usted otra causa? ¡Pero, hombre de Dios, cómo iba a haber seres así antes de la guerra! Todo ha cambiado. Antes, un hombre se ahogaba —al caso mi marido, que en paz descanse— y el mar que no se queda con nada que no sea suyo, al poco te lo devolvía. Vivimos otra época. ¿Usted no vio los cuerpos gelatinosos que sacaron hace unos meses de la panza de un submarino? ¿Cuándo se han visto cosas como ésta? No hay más explicación. Estos locos, porque son locos, están así por culpa de Harpo, el médico, y por la guerra. Y dicho esto, volvió a arroparse en su actitud de viuda mediterránea cómplice del infortunio y enemiga visceral, como casi todos los pescadores, del psiquiatra.

A veces, cuando el muchacho se retira, sigo en mi papel de observador toda la noche. Me gusta, a falta de estar con Cristina, esta soledad frente al Mediterráneo que no veo, sólo intuyo y descubro gracias a las luces de las barcas de diseño fenicio que alumbran los puntos secretos de los bancos de pesca. Pero ésta no es la razón de mi vigilia. Espero ser testigo de un acontecimiento escasamente conocido por cuantos viven próximos al Peñón del Cuervo. Un suceso en el cual la conducta de los hidrófobos sufre una extraña metamorfosis. Ocurre con la primera claridad, al rayar el día. Es el momento en que los luchadores dejan de comportarse como perros. Los que tienen bozales se deshacen de ellos, y todos, como si algún imperativo lo exigiera, se visten. Con dificultad intentan sacar el mejor provecho a su ropa, cansada de tanto uso, raída. Cuando este extraño aseo ha concluido (algunos llegan a lavarse cara, pies y manos en la orilla profundamente lóbrega de un mar incierto) componen círculos en torno a la más furiosa de las hogueras que en ese instante alce aún su fuego, y prorrumpen en voces. El oírlos impresiona, mas al poco de prestar atención a estos gritos se descubre en ellos ciertas tonalidades musicales con pretensiones de lograr armonía, y al fin, ya claro, se les entienden los cantos, vetustas canciones, centenarios poemas en los que se ensalza la belleza y el poder de la patria. Es un espectáculo siniestro. Verdaderamente llego a sentir miedo de estos seres, y mi temor aumenta cuando descubro las lágrimas en los ojos de algunos de estos muchachos. Permanezco fijo en mi atalaya y espero que pasen unos minutos, después volverán a sus rituales y, peleándose y mordiéndose entre ellos, abandonarán la playa que nunca debieron invadir.

Jamás he contado a nadie este espectáculo. Pienso mucho, demasiado, en la interpretación de esta parafernalia. A veces me pregunto si es el principio de un tiempo desdichado, o el final de un mundo destructivo.

No tiene relación alguna —que yo sepa— con lo que acabo de contar, pero las mañanas en las que sufro la experiencia de ser testigo de este hecho terrible, haga frío o no, suelo nadar hasta el Peñón del Cuervo.

Una de estas tardes —las tardes sin Cristina— en las que silencioso permanezco frente al joven oriental, mientras un ejército de marfil languidece en pasividades, Valentino llega apresurado. Resulta ridículo verlo, con su uniforme de criado, moverse lineal por la arena. Sin embargo, su figura ha adquirido para mí en estos últimos meses de crisis emocional el rango de un antiguo mensajero. Se deshace en inclinaciones que también repite en honor del hombrecito amarillo, y, sin decir palabra, me entrega un sobre. Lo abro tembloroso, todo lo que tiene relación con Cristina me sobrecoge y conmueve. He reconocido su letra sin haberla visto nunca, un caso frecuente de intuición pasional. La nota es escueta. Me necesita y requiere mi pronta presencia en Warszawa House. Me disculpo de mi joven amigo, despido al criado, inútilmente, pues ambos llevamos el mismo camino.

XVIII

Cuando ya se divisa la casa, Valentino hace un esfuerzo. Es el corredor de fondo que ve en peligro el triunfo y acelera el paso. Actúa así porque no quiere hacer dejación de uno de sus deberes: abrir la puerta. Me aparto, y dejo que satisfaga su deseo. Se repiten las inclinaciones y, solemne y sudoroso (fuera de la playa el criado recupera el carácter dramático que le conviene, Valentino es el mensajero), me conduce a la habitación de Cristina, al cielo del que he sido arrojado, al lugar que tanto anhelo. Mi anfitriona ha ordenado descolgar los cuadros de los cosacos amenazantes. Entiendo este hecho desde múltiples puntos de vista, y elijo el más conveniente a mis intereses: nadie en lo sucesivo impedirá mi entrada a este lugar.

Demasiado pálida, demasiado natural. Es como si, tras años de peregrinaje, hubiera acabado por descubrirse a sí misma. En ocasiones, las actrices —Cristina lo era a su modo— llegan a perder el norte, el sentido de la naturalidad. Toda presentación se les hace representación, todo es teatro, pero de tal manera asumido que si intentasen volver al ser natural, a lo que es verdad, no representación, sólo lograrían un fracaso. Me dije: Algo muy grave debe suceder cuando esta mujer ha vuelto a sus orígenes. Y al decirlo estaba siendo inexacto, pues en los orígenes de Cristina estaba ya la capacidad de no ser nunca ella misma. La mujer a la que tan intensamente amaba había construido en unos días la apariencia de autenticidad, mas una autenticidad sin raíces. Su inconsciente le fabricaba la representación «verdadera» de un sentimiento paradójicamente verdadero.

Nos abrazamos y, al sentirla de nuevo junto a mí, tuve una sensación elegíaca por el tiempo que había estado privado de ella. Vinieron a la memoria recuerdos muy recientes, las horas perdidas en el divertimiento de convertir a un ser humano, un joven chino, en algo objetual para entretenimiento de mis tardes perdidas, y hasta el recuerdo terrible de las escenas de los hidrófobos en las noches de Peñón del Cuervo perdieron toda importancia. El silencio fue el protagonista de aquel abrazo y las lágrimas, pues al unir mi rostro al de Cristina percibí el dolor hecho humedad de su llanto.

—Han ocurrido hechos inexplicables. La adversidad se ha apoderado de esta casa —los sollozos apagaron cualquier otra explicación.

Como pude la fui serenando, y al fin surgió lento y arduo el relato de unos hechos que ella no llegaba a entender del todo. Se trataba de los gemelos. Cristina había sido testigo de un extraño suceso. Me confesó que, a veces, cuando yo salía de Warszawa House, ella —que me había apartado por una decisión caprichosa— solía ir a la habitación que yo ocupaba en la villa. Le gustaba supervisar personalmente el arreglo de mi cuarto. Estaba muy pendiente de que todo estuviese en su sitio y de que no me faltase ninguna comodidad, también supervisaba mi ropa. Me pareció que tanta explicación era innecesaria, que ya era momento para contarme lo ocurrido. Días más tarde fue más explícita: iba a visitar el lugar de descanso de un hombre al que en parte —y parte muy importante— había apartado de sí sin llegar a entender los motivos que le habían llevado a obrar de esta manera, e iba a sentir su ausencia, a dolerse en ella, a buscar el valor necesario para volver cuerpo a cuerpo a navegar el uno en el otro. Trágica, me juró que me echaba de menos, que me necesitaba, y que sólo en mí se encontraba a sí misma.

—... Pues bien, estando ayer de visita en tu habitación, vi que en el jardín que comunica con ella los gemelos andaban en uno de esos juegos crípticos que tanto les complacen. Me gusta verlos, observar todo el misterio que son capaces de crear. Los encuentro tan distintos a mí, tan ajenos a mis gustos y mis placeres y a la vez tan cariñosos y míos que, insisto, no me canso de contemplarlos.

Al abrir la ventana, los hermanos, aun sabiéndola allí, la ignoraron a propósito. Siempre que jugaban al ballet de las líneas solían ignorar a los testigos.

Todo volvía a repetirse. Era como una sinfonía a la que el creador hubiera dejado espacios para la improvisación del solista. Tras demorarse en la danza, uno de los hermanos, el artista, trazó en el aire pesado y gris de otoño el dibujo invisible de su hermano desnudo. Después hizo ademán de tomar medidas, buscar las proporciones del cuerpo y, de repente, rompiendo las reglas de un juego sólo por ellos conocidas, extendió la mano y la posó en el cuerpo de su modelo. Así estuvo algunos segundos para, de inmediato, extender la caricia total por las zonas secretas, idénticas a las suyas. El otro, el humillado por la invasión, se puso lívido para enrojecer inmediatamente y dar, primero un grito, y luego proferir una palabra infame. Dicha ésta, abandonó la escena.

—... Ocurrió lo irreparable. Hasta ese hecho no había comprendido el sentido de este reiterado entretenimiento de mis hijos, desconocía que uno de ellos pudiera estar tan deslumbrado con el otro, es decir, consigo mismo, que pudiera incurrir en una torpeza verdaderamente grave, y digo grave refiriéndome a las valoraciones primarias en el mundo de los niños, pero explicable hasta convertirla en un accidente sin importancia en el de los adultos. Ocurrió todo sin que pudiera hacer nada para evitarlo. Como una figura puritana y siniestra la institutriz se abalanzó sobre el «agresor» y lo abofeteó con saña. Me quedé muda sin poder ordenar a aquella estúpida mujer que cesara en el castigo. Salí de tu habitación, fui hacia ella, la golpeé y le arrebaté a mi hijo.

Me tocaba a mí salvar a la madre que, tomándome de la mano, me condujo hacia su habitación; una vez en ella, me señaló el lecho que yo tenía por océano de todas mis venturas. En él, insignificante y perdido, uno de los gemelos permanecía inmóvil.

—Remo —lo llamó Cristina identificando así al muchacho que yo llamaba «artista»—, ¿recuerdas al amigo de mamá?

Remo permaneció inmóvil, indiferente. Aquella criatura tan ágil y tan divertida se había convertido en un ser ajeno a toda acción, insensible a todo.

—No he conseguido la menor reacción desde ese suceso. Pensé que alguna disculpa de su hermano quitaría importancia al asunto, pero Rómulo se niega a hablarme. Detesta que haya expulsado a la institutriz a la que, al parecer, considera su vengadora. Me grita furioso, diciéndome que soy cómplice de su hermano. Su actitud agrava mi estado de ánimo, aunque en lo concerniente a Rómulo su ira me tranquiliza, en él la vida late furiosa, con odio, pero late y se mueve y gira e insulta y da gritos e intenta venir aquí. Dice que debe recuperar su reino. No sé a qué reino se refiere, desde luego no a la paz con Remo, pienso que desea volver a los inicios de un juego en el que su pequeña vanidad se satisfacía.

Lo contó de un tirón para volver de inmediato al refugio consolador del llanto. Me miraba a través de las lágrimas como pidiéndome un consejo o como si yo tuviese la clave para solucionar un asunto ya insalvable, pues estaba convencido de que, fuera cual fuera el desarrollo de esta crisis, lo sucedido entre los gemelos los marcaría para siempre. Las impresiones extraordinarias en la preadolescencia, me dije, acaban por convertirse en inmensas obsesiones sobre las cuales ha de girar para siempre la tiranía del sexo. Se hacía imprescindible sacar a Remo del estado catatónico muy evidente hasta para alguien no experto en psiquiatría. Estos hermanos habían permanecido en una relación morbosa como consecuencia de una personalidad esquizofrénica compartida, y precisamente esos mismos rasgos patológicos los habían desunido, convirtiendo a uno de ellos en víctima airada; y al otro, en culpable en vía de autodestrucción. Era necesario —y esto lo intuía Cristina— recuperar el sentido lúdico y virginal en sus vidas.

—No conozco a nadie en el mundo de la gente práctica y eficaz en el que tú te mueves. Necesito ayuda, mejor dicho, mis hijos necesitan ayuda —me desagrada decirlo— de un especialista.

Fuera del doctor Harpo y de sus abusos y confusiones no había en los territorios del Peñón del Cuervo ningún alienista. Se hacía necesario llamar en consulta a alguien cuya preparación académica y prestigio estuviesen constatados, no por el simple hecho de ser psiquiatra, sino por su capacidad científica suficientemente acreditada en los círculos médicos.

No era fácil llevar al convencimiento a una madre en trance de verdadera histeria, a una mujer a la que los sucesos habían minado la serenidad para decidir con calma la persona que había de ocuparse de los gemelos, y, como si el hecho de tener un título de psiquiatra colgado en el despacho fuera suficiente para dar solución al problema, Cristina exclamó decidida: Será preciso avisar inmediatamente al doctor Harpo.

Intenté disuadirla; es más, fui suficientemente explícito para contar cuanto sabía y cuantos comentarios se hacían del médico. No conseguí nada.

—Será sólo una consulta.

—En esta especialidad, una manipulación errónea o que teatralice más de lo debido un asunto carente de importancia puede llegar a enquistar de tal modo el problema que ya, para siempre, repercuta en el necesario equilibrio de las pirámides de las experiencias y de las vivencias que conforman la personalidad.

Me miró sorprendida al oírme expresarme en un lenguaje inusual en mí. Pero su mirada también delataba la decisión de llamar, e inmediatamente, al doctor Harpo.

—Al menos te suplico, por el bien de ambos hermanos, que no permitas que los sometan a tratamiento en la Casa Alta.

—Oh, querido, cómo se te ocurre que pueda autorizar algo semejante. Mis hijos nunca se separan de mí. Yo soy su casa, y Warszawa House es la mía. Puedes estar tranquilo, nunca lo consentiré.

Dicho esto me besó la mano. Una señal de agradecimiento impropia de una mujer como Cristina.

Transcurrió el tiempo de espera en innecesarias labores y ajetreos. Parecía que, asuntos durante años olvidados, exigiesen una solución urgente. Me refiero, no a los gemelos, sino a lo objetual de Villa Varsovia. De este modo, tanto Cristina como el servicio de la casa entretenían la espera a un torpe y zafio psiquiatra que, más que poner remedio a aquello para lo que se le requería, de seguro contribuiría a extender la angustia entre los miembros de la villa. Desde mi habitación vi cómo la institutriz salía de la casa. Era una mujer adusta, acorazada y militarizada ante las escasas oportunidades que la vida nos ofrece de ser feliz. Marchaba erguida, con gesto prusiano, y de sus movimientos y ademanes se deducía que no sólo estaba satisfecha de haber obrado conforme a su sentido del deber, sino que tenía conciencia de ser víctima de las debilidades de una madre consentidora. Vestía un abrigo de paño. Nada más cerrarse tras ella las rejas de la villa, sacó con ostentación una condecoración germánica y la colocó en el cuello de corte militar del abrigo. Después, escupió grosera y siguió su camino. Unas chapas metálicas adheridas a los tacones daban a su marcha un aire desafiante y bélico.

Dado el desorden y nerviosismo que reinaba en Warszawa House decidí pasearme por sus jardines. Instintivamente me fui acercando a *La isla de los muertos*, necesitaba hallarme ante la «vieja amiga» que habitaba el palacete. Ver al ser humano ajeno a todo acontecimiento que no fuera la nebulosa de su propia locura senil. El laberinto, sin sombras, de la locura, aquélla que en sí misma comporta la indiferencia. La imagen de la anciana, observada con exclusión de las consideraciones que acababa de hacerme, quizá fuera el tranquilizante necesario para quien debía asumir en unos minutos el papel de controlador en una casa caótica, cuya inestabilidad era amenazada por un psiquiatra loco y sin escrúpulos. Me equivoqué, la anciana señora, tal si hubiera recibido una noticia adversa, lloraba. Me impresionó la crueldad de la naturaleza al producir un intervalo de lucidez sólo para entenderse con lo adverso. A los pies de la señora de Rypin, un muñeco desmayaba su anatomía de trapo.

Me apresuré a regresar a la villa. Debía estar junto a Cristina antes de que el doctor Harpo fuera anunciado. El trasiego del servicio resolviendo nimiedades continuaba. Me dirigí a su habitación; allí, quieta, compartiendo innecesaria la quietud catatónica del muchacho, parecía mirar a un punto perdido en cualquier espacio de sus muchos recuerdos. La tomé de la mano, la abracé y así estuve hasta que la voz inevitable del mensajero anunció al doctor Harpo. Cristina movió la cabeza tal si quisiera deshacer un peinado impropio, miró alrededor suyo y ya, con voz segura, hizo una indicación a Valentino: Hágalo pasar.

En su ambiente, el doctor Harpo tenía un aspecto muy distinto a aquel que presentaba en la playa cuando se le veía levantando levas para las obras interminables de la Casa Alta. Parecía más sereno y, sobre todo, se le veía dueño de una serie de efectos teatralizados con los que pretendía reforzar la imagen que el paciente incauto esperaba de él. Hablaba pausado, dando la sensación de que, antes de hacerlo, un proceso mental profundo y riguroso le obligaba a elegir, entre distintas opciones, la más adecuada a cada caso. Pero cuando pronunciaba un diagnóstico o emitía un consejo era preciso deducir de sus visajes y ademanes que, sin duda, su pronunciación se asociaba a la de la propia psiquiatría. Se dijo conocedor ya de lo ocurrido gracias a las explicaciones del emisario, recibidas en el trayecto de la Casa Alta a Warszawa House. Añadió, es más, insistió en ello, que la conversación con la señora Masterman (el apellido de casada de Cristina, que tanto me desagradaba oír) debería producirse sin testigos. Yo sabía que Harpo era conocedor de la estimación en que le tenía. Son valoraciones que no se pueden ocultar, afloran para producir empatía o rechazo. El médico forzosamente debía sentirse incómodo en mi presencia.

—Evidentemente, cuando deba reconocer a los niños lo hará a solas, ni siquiera yo misma osaré interferirme en el mundo sagrado de las intimidades de mis hijos, mas, en tanto seamos nosotros los que tratemos de lo acontecido, de los síntomas que presentan los gemelos, de su conducta, sintomatología y rarezas, el señor, que es amigo muy querido en esta casa, deberá estar presente.

Hice un movimiento de cabeza, una inclinación en señal de agradecimiento, en tanto el doctor, con aire de entendido, se disponía a escuchar la narración iniciada por Cristina.

A veces, en los momentos de tensión, se me ocurren situaciones descabelladas, ideas que debo rechazar de inmediato. Algo así me sucedió esa tarde cuando, de fondo a las palabras del doctor Harpo, me dediqué a observar la inmovilidad de Remo, su quietud de árbol, su «decisión» de roca. Y me pareció que en el niño fallaba un mínimo aceptable de narcisismo imprescindible para toda autoestima. Presumí que le gustaba ser el centro de nuestras observaciones: Tal vez sienta calor por ello, y tal vez se decida a regresar, como Lázaro, del mundo de las sombras, me corregí de inmediato, del Reino de la Locura. Sentí vergüenza de mi escapismo y presté más atención a cuanto estaba sucediendo.

XIX

Atientas, y, sin embargo, simulando agilidades, dejando caer a un lado y a otro saludos y amables frases a gente que nunca llegará a ver, Lady Wilder Power se aproxima a mi mesa, a esta mesa de *La sirena* que de nuevo comparto con Peter y Diana. Tengo pruebas de su maledicencia pequeña de roedor de chismes y también las tengo de la grandiosidad de su delirio: una ciega que pinta. Una inclinación morbosa me hace desear su presencia, volverla oír hablar de colores, de la inmensidad cromática del atardecer de hace dos días, o de cómo, desde este otoño insistente, recordamos la belleza ígnea y descomunal de la luna de agosto: Pero, ¿es que alguien ha visto un color más cálido y sensual que el de la luna de agosto alzándose sobre el Mediterráneo? Lo que verdaderamente me interesa de Lady Wilder Power es saberla conocedora del pasado secreto de Cristina, del tiempo que ella y yo, dos desconocidos, no llegamos a compartir.

Estoy inquieto, tengo la seguridad de que Peter actúa como cómplice inconsciente de un destino que se goza en la adversidad. Cuantas veces intento crear un clímax propicio para las confidencias, él vuelve a hacer alarde del conocimiento de este o aquel poeta anglosajón de clara actitud moral a favor de la cobardía. A posteriori del suceso que lo ha marcado (sólo lo intuyo), Peter pretende justificarse, aplicando una filosofía que es ajena a sus creencias, nacidas no del pensamiento especulativo, sino del miedo y la cobardía. Peter es simplemente un cobarde, aunque pretenda presentarse como defensor de una cobardía asumida tras un proceso reflexivo y lógico. No hace mucho, paseando con él, en un instante en que dejó de jugar con Max, me dijo sin ningún motivo que justificara el tema: Frente a la violencia hay que rechazar la pasividad que propone ese activista indio de la no acción. Frente a la violencia, insistió, es preciso manifestarse, es decir, actuar.

—¿De qué manera? —me atreví a preguntarle.

—Sólo la cobardía, lo que hay en ella de indigno y de rechazable puede ser respuesta suficiente a la barbarie del violento.

Se sentía satisfecho de exponerme sus ideas. La originalidad de su propuesta no le obligaba a ningún tipo de intimidad ni confianza. Podía construir su torre de sofismas y miedos, y yo debería contentarme con oponerme a sus razones, reconvenirlo o aceptarlos sin más. Si por mi parte pretendiera profundizar en el hecho causante de tanto despropósito, las puertas de la estereotipada educación británica me darían un portazo en mis propias narices.

Gustaba también de adornar su tesis con ejemplos, casi todos ellos tomados de la prensa más reciente. En esta ocasión se refería al fusilamiento de un canadiense, comerciante en perlas, tenido por espía.

—Según las informaciones con que contamos, el hombre se mantuvo sereno. Afrontó cara a cara, negándose a que le fueran vendados los ojos, el pelotón de fusilamiento. Dicen que llegó a confundir a la soldadesca al dar él mismo las voces de mando.

Esta noticia, efectivamente, había sido publicada por la prensa británica y sus simpatizantes con especial difusión, al tratarse el espía de un agente sorprendido en Alemania cuando actuaba a favor de los intereses del Gobierno de su Majestad.

—Verdaderamente admirable; habrá de reconocer que, al menos, el ejecutado demostró un buen dominio de sus pasiones y sentimientos y una ejemplar entereza.

—¿Entereza?, ¿dominio? Querido amigo, ¿en qué momento, en qué ademán, gesto o actitud cree hallar ese valor? ¡Oh, no! Estamos sólo ante la representación más insensata del valor. Ahí tiene un ejemplo de lo que puede significar para generaciones venideras el desprecio al sumo bien, la vida. La heroicidad, y entiéndala aquí como sinónimo de ejemplaridad, hubiera consistido en que el agente se opusiera, suplicara y llorase ante el hecho brutal al que iba a ser sometido. El héroe, y véalo ahora como el portador de responsabilidades, actuaría del modo que digo.

Me di cuenta: le gustaba, en estas polémicas, mantenerse en los límites británicos de esa extraña combinación resultante de servir en una misma frase la crueldad y la ironía. El modelo podía ser *Una modesta proposición* de Jonathan Swift. Sabía que Peter era un desertor y que sólo la hábil defensa de un letrado de la *city* versado en comportamientos inexplicables o absurdos le había librado —invocando dudosos precedentes— de una pena terrible, pero no de la secuelas de vivir en la burla y el desprecio de sus compatriotas. También conocía que su presencia en estas tierras se justificaba por una errónea información recibida sobre las supuestas genialidades del doctor Harpo. Pronto, tanto él como Diana habían abandonado la obra inconclusa del médico, pudiendo comprobar que un perro y la proximidad del Mediterráneo, si bien no llegaban a eliminar la sintomatología de índole neurovegetativa y las pesadillas que sufría Peter, le habían hecho la vida más llevadera, sustituyendo una obsesiva tendencia al suicidio, de la que ya nadie hablaba, por una insoportable, cínica y permanente disertación a favor de la cobardía.

Estaba ya a punto de iniciar algún despropósito (no se hubiera atrevido ante Lady Wilder Power a disertar sobre el valor supremo de la cobardía) cuando Diana lo interrumpió para volver al tema de la próxima exposición de su amiga, ocupando al hacerlo el espacio que me había reservado para entrar poco a poco en el asunto de los Burker y Cristina. Más que con la murmuración pequeña y alocada, Hermione Walter Power disfrutaba representado el papel de vidente muy cualificada. No es lo mismo mirar que ver, ni tampoco observar que pintar. Creerse pintora empezaba a creérselo, pero lo verdaderamente importante era que sus amigos y conocidos también lo creyeran. En los años de la guerra, la pintura estaba en ebullición. Las vanguardias se habían situado en estratégicas trincheras y cometían la locura de hacerse parte de la moda. La invidente lo sabía, era osada y ello le permitía una disertación abierta a cualquier ismo, con una paleta teórica y una sabia disposición de los contrarios se bastaba. Tenía el convencimiento de que cualquier tesis se podía aventurar sobre la pintura sin que nadie, que quisiera pasar por medianamente culto, osara tacharla de impostora.

La teoría, evidentemente, era lo suyo, a extremos de haber estado a punto de proponer un manifiesto en favor de la *pintura del silencio*, es decir, de una de las formas de pureza en el arte. Sería una pintura sin dibujo, ni color, ni lienzos, ni marcos, ni madera; en definitiva, sin soporte. Una *no pintura*, la había definido, y cuando ya estaba dispuesta a dar a la prensa el manifiesto, tuvo las suficientes luces para entender que esa opción era la única que no podía elegir una pintora invidente, salvo riesgo de ser descubierta. Se decidió por una manera de abstracción de amplia pincelada (tarea que no le sería difícil llevar a la práctica) cuyo resultado debería contar con la complicidad de títulos nacidos de una imaginación, la suya, que no necesitaba ninguna clase de indicación.

Habló hasta aburrir a sus amigos que, al poco, pretextando ciertas obligaciones, se despidieron. Al fin Lady Wilder Power quedaba a mi disposición. Solos, me pareció prudente no cambiar de inmediato el argumento de nuestra charla y esperar un poco, antes de entrar en el motivo que verdaderamente me interesaba. Hubiera sido sospechoso, y peligroso para la pintora, despertarla. Se manifestaba en un trance lleno de vehemencia y exaltaciones, despertarla equivalía a despabilar a un sonámbulo en lo mejor de sus representaciones nocturnas. Me dispuse a escucharla, pero sin que ninguna expresión mía le permitiera crecer en su entusiasmo. Mi papel era otro. Sabiéndola acaparadora de espacios orales, sutilmente, con grandes pausas de silencio, debía hacerle entender que con otros temas acapararía no el cinco por cien de mi atención, sino el cien por cien.

La vi moverse incómoda, insegura. Deduzco que podía pensar dos cosas igualmente desagradables: o que su argumentación carecía de brillantez y no interesaba, o que su interlocutor había descubierto hallarse ante una embaucadora. Rápida como una liebre sorprendida por un ruido sospechoso, dio un salto mortal y puso frente a mí su bandeja de opciones:

—Sé que Cristina siente hacia usted una especial consideración (me hubiera gustado saber qué entendía Lady Walter Power por consideración). Debe ser muy agradable tenerla de anfitriona; sus recepciones, lo sé por referencia, inexplicablemente nunca he sido invitada a Warszawa House, gozan de cierta fama.

Ya estaba en mi terreno. Sólo me quedaba buscar un tema que provocase en Lady Hermione interés por el asunto que precisamente me preocupaba. Fue como una revelación, así que me aventuré en el oficio de trazador de conversaciones y silencios.

—Evidentemente, la señora Masterman es atenta y exquisita en su trato, su amabilidad tiene mucho mérito en días que le son tan difíciles.

Lady Walter Power abrió desmesuradamente los ojos y parpadeó sorprendida. Debo reconocer que era en extremo habilidosa en mover los ojos tal si fuera una vidente. Su capacidad de mimo no tenía precio.

—¿Días difíciles?, ¡oh, no! Dígame pronto qué le ocurre a tan querida amiga, pues, me invite o no a las recepciones de Warszawa House, en lo demás me ha dado siempre pruebas de ser amiga.

—Se trata de Rómulo y Remo, sus hijos.

—¿Los gemelos?, ¿qué les ocurre a esos jovencitos encantadores? No me imagino que pueda pasarles algo peor que sufrir el nombre nada original que Cristina eligió para ellos.

—Al parecer tienen problemas, pero ignoro qué clase de problemas —evidentemente no pensaba contarle nada de lo que en estos días estaba ocurriendo en la villa, y, además, no hubiera tenido sentido alguno que quien deseaba ser informado acabase en informador.

Se hizo un silencio. Intuí que la pintora invidente estaba ordenando las bases de un nuevo tema que ella, costase lo que costase, tenía que hacer encantador. Y así fue.

—Si no fuera demasiado latino me atrevería a decir que, en general, los gemelos traen mala suerte. Evidentemente esto no es cierto, pero sí lo es su rareza, su peculiar forma de integrarse en la familia (mejor sería decir no integrarse), sus actitudes de extrema dependencia, los vínculos emocionales entre ellos y la caprichosa tiranía de un hermano sobre el otro. Estoy segura de que estos niños adoran a su madre, mas si Cristina tuviera otros hijos se haría muy evidente la existencia de dos familias, por una parte ellos, los reyes, y de otra, los demás hermanos. Es curioso, pese a la dependencia existente entre estos especiales mellizos también se da a veces un instinto destructor de un hermano hacia el otro, un instinto que suele ser recíproco. Son las emociones compartidas por los gemelos muy problemáticas de entender por quien no haya vivido esa experiencia.

—¿Acaso usted misma tuvo una hermana gemela?

—Oh, no —Lady Hermione sonrió, más que por la ingenuidad de mi pregunta, por la satisfacción de saberse escuchada en este nuevo tema—, me bastó con tratar a Walter y Jeremy. Debo reconocer que me deslumbraron. Desde entonces soy adicta a toda literatura, científica o no, que trate del asunto.

Mi papel debería consistir en evitar en lo posible interferencias de terceros. Estaba decidido —para el caso de que alguno pretendiera venir a nuestra mesa— a levantarme y explicar que estaba tratando un asunto delicado, un asunto de negocios con Lady Walter Power. Y también estaba dispuesto a impedir como fuera el que mi confidente me abandonase y, si pretendiera hacerlo, sería suficiente con poner sobre la mesa de nuevo el asunto de la pintura y rogar a Lady Hermione que se dignase comer conmigo para que ella continuase, no con el caso de Rómulo y Remo, sino con el de Walter y Jeremy:

—En pocas ocasiones, créame, he conocido personas más luminosas que estos dos muchachos. Me refiero a la primera época, quiero decir a la adolescencia, un período precioso de tanta generosidad y angustia para la mayoría de los mortales y de tantas y tantas particularidades en el caso de los hermanos Burker. No era el parecido lo que los unía, sino una extraña dependencia nacida de la necesidad de completarse el uno en el otro. William era porque existía Jeremy, y éste podía ser gracias a la presencia de William. Objetivamente (a Lady Walter Power le gustaba no solo ser objetiva, sino alardear de ello), el más necesitado del otro fue siempre Jeremy. Llegaron a crear un territorio propio que les seguía allí donde fueran, era como esos espacios marcados por algunos félidos para establecer su poder territorial, y también era una especie de muralla que nunca supe si los apartaba de los otros o los defendía de éstos.

Me iba conduciendo morosa por el laberinto de sus palabras, un camino que ella conocía bien y controlaba aún mejor. Un camino lleno de incidentes en los que el viajero podía acabar en las líneas perdidas de las confusiones o bien en ninguna parte. Lady Walter Power deseaba que toda aquella historia no terminase nunca. Así hallaría la manera de estar siempre acompañada y también ejercer un dominio despótico en cuanto al secreto de la trama que, al menos en mi caso, sólo ella conocía. Considerado de una manera literaria, su comportamiento tenía mucho que ver con el de una jovencita que para sobrevivir —y para algunos librarse de la soledad es sobrevivir— ofreciera a su señor la historia de lo interminable. A veces, la veía ante mí como una inmensa y gordezuela mantis religiosa dirigiendo a un punto, en el que presumía mi situación, el verde vacío de sus ojos. Yo era la mosca antes de ser devorada, y tal vez por ello, consciente de mi efímero papel, permanecía quieto para no descubrir mi verdadero interés: conocer esta historia, toda ella, y ninguna más que me pudiera ofrecer la oralista invidente.

—No olvide que en cada gemelo y respecto del otro hay una sensación angustiosa de repetición. El gemelo no se divierte ante su igual como suelen hacer las madres en el parque ante la vista de un par de bebés idénticos. El gemelo se siente íntimamente unido a su hermano con el que ha compartido juegos, infancia, hogar, guardería... pero sus celos están justificados y nacen del temor a ser confundido. Teme un gemelo que sus padres, en las manifestaciones de afecto, se estén equivocando, y piensa: No son para mí estas caricias, quizá sean para mi hermano. La reacción empieza a ser terrible. De ahí nace el principio de sometimiento. En todos estos individuos hay siempre uno que ejerce de déspota y otro que acepta el poder despótico del hermano. Pero aún hay más. Los principios de identidad e individualidad, ante este suceso relativamente frecuente que son los gemelos, se sublevan. Mi hermano es mi plagiador, mi hermano pretende ser yo. Nunca suelen plantearse la cuestión al contrario, yo quiero ser mi hermano. He aquí el carácter distintivo de los Burker. Jeremy quería a toda costa ser William, y éste, a medida que iba creciendo, se sintió plagiado, se sintió víctima del síndrome del Prisionero de Senda, y tuvo que actuar. William llegó a confesarme, años después de que ocurriera aquel hecho escandaloso, que en sus sueños la presencia de un usurpador constante había acabado por convertirlos en pesadillas. Tampoco William fue un santo. Aunque le parezca desagradable creerlo, la idea del fratricidio le acechaba constantemente. Me lo confesó emocionado, y jamás lo hubiera contado a nadie de seguir vivo, pero pienso que a los ausentes les van bien las leyendas.

Me inquietaba toda aquella historia de gemelos e identidades, y aún más el hecho de que Cristina hubiera mantenido una relación tan íntima con uno de ellos, William. Pero lo que me producía una sensación de inseguridad era que Rómulo y Remo, con aquellos graves problemas tan parecidos a los de Jeremy y su hermano, fueran hijos precisamente del lejano señor Masterman. Una de las tardes de aquel otoño de mi destierro, en ocasión de visitar a la anciana dama, le pregunté a Cristina si en su familia había antecedentes de gemelos: No, me contestó seca, tal si quisiera evadir una conversación incómoda. No tuve valor para seguir interrogándola, me hubiera gustado hacerle la misma pregunta respecto del historial familiar de su ex-marido. No lo hice. Conocía su cólera y sólo deseaba volver a visitarla en las noches de una habitación que permanecía cerrada para mí.

Creí que Lady Walter Power iba a retomar su tema predilecto, la pintura. Me equivoqué. En modo alguno hubiera osado cambiar de conversación teniendo, como tenía en mí, un auditorio tan atento. Preferí no hacerle ninguna pregunta, aunque deseaba saber cuál era aquel suceso que había calificado de hecho escandaloso. La tendencia a la exageración es típica de cierto barroco en el inglés dialogante, así que me abstuve de interrogarla, convencido de que, en algún momento, llegaríamos a ello. Y así fue. No sin que en más de una ocasión hubiera de levantarme para cerrarle el paso bien al General, bien al viejo letrado, lo que me valió un mohín de incomprensión con un punto, sólo un punto de desprecio, de su parte.

—La situación se hizo muy confusa, demasiado complicada para una familia, me refiero a los viejos Burker, no habituada a los destellos de ciertas excentricidades; y digo excentricidades porque aquella buena gente desconocía los términos cultos de lo patológico. En más de una ocasión hube de tranquilizar a Jeremy. Sufría verdaderos ataques de furia durante los cuales se comportaba como un loco. Gritaba: Ese canalla se ha apoderado de mi rostro. Ocurrió durante una época de acciones incomprensibles. Jeremy había tachado la faz de su hermano en todas las fotos familiares, sólo se veía a un niño, nada de gemelos, sólo un niño. Debo reconocer que fue una labor paciente y artesanal. Con una cuchilla había levantado la superficie correspondiente a la imagen de su hermano sin dañar los fondos, el paisaje unas veces, otras la playa, y las más aquellos telones —¿los recuerda?— tan divertidos y artificiales que usaban los fotógrafos en sus estudios. En esa época yo sufría, pues amaba a los dos hermanos. Quiero decir, mi situación también era confusa, y por mucho que acariciaba sus rostros —sin darse cuenta Lady Walter Power estaba aludiendo a su ceguera— no llegaba a decidirme por ninguno de los dos. Creo que llegué a confesarle a mi padre que me casaría con ambos, con aquella maravillosa —eran guapísimos— dualidad en lucha. Pues bien, Jeremy cometió aquel hecho horrible al intentar —al menos así lo contaba entre sollozos— destruir el rostro de su hermano. Atentó contra él mismo, vertió sobre su cara agua hirviendo con tal coraje que, afortunadamente, parte, casi toda ella, cayó en el suelo. Lo comprendí: Jeremy creía, estaba convencido de que él era el otro. Llevé a su madre —los distinguía con facilidad— las fotografías en las que había arañado el retrato de su hermano. La encontré nerviosa y desorientada, era el día en que Jeremy fue internado. La buena señora, sobreponiéndose, me sacó de mi error, no era la imagen de William la allí destruida, sino la del propio Jeremy.

Llamé al camarero, pretexté ciertas urgencias y me despedí de Lady Walter Power, no sin antes prometerle mi presencia y la de mis amigos en su exposición.

XX

No puedo evitarlo. He amado al mar sobre todas las cosas y he sentido miedo al pronunciar su nombre. Recuerdo haber iniciado un poema con este verso: Quién puede decir mar impunemente. Grandes valores le concedo al mar, es la medicina que mi cuerpo exige cada mañana y el alimento que satisface al espíritu cuando lo contemplo desde una lejanía atardecida que me hace construir una obsesiva metáfora. En ella soy el horizonte. Un horizonte que no tiene más sentido que el ser mirado por el mar. El horizonte, el segundo espejismo. El primero, indiscutiblemente, es la sombra. La imagen de un niño que intenta enloquecido pisar su propia sombra. Lo he visto alzar despacio el pie, seguro de que, bajo la suela del zapato, la sombra aprisionada era ya sólo una mancha parda de fruta despachurrada; pero también he conocido a algún aventurero de escasísima cultura y mucha imaginación, cuya única meta era alcanzar, pisar esa línea donde la ilusión óptica nos hace soñar con el horizonte.

Esta noche he vuelto —de jovencito lo hacía con frecuencia— a bañarme en un oleaje de negrura que sólo el cuerpo percibe en una complicidad llena de sensualidades y murmullos del alma. El placer, bucear. No para ejercitar los pulmones en la contención del aire. El ¡a ver quién aguanta más! de los muchachos en sus competiciones submarinas. No, lo hago simplemente para, allá en el fondo, al rozar la suave blancura, casi fosforescente, darme la vuelta sobre mí mismo y mirar el resplandor de la luna rompiéndose al penetrar infinitos espejos que, sumados, darán el brillo único del cobalto. El mar, concebido como una formación cristalográfica. Esas luces sólo las he vuelto a ver en la consulta de un afamado oftalmólogo. Me tomaba este médico, por precaución, la tensión ocular, cuando un cono de luz, de luminosidad idéntica a la buscada por mí durante tantas noches en los fondos marinos, atravesó las otras tensiones, las de la emoción aliada a la memoria que se hace nostalgia. Hubiera sido divertido tener el valor suficiente para decirle al médico que me dejase pasar la noche en su consulta con el cono apoyado en la pupila. Cuando hablo de esta rareza y capricho mío me estoy refiriendo a una época en la que me sentí exiliado, lejos del mar, ausente de vértigos azules. Triste en definitiva.

Pero hoy son tan graves mis problemas que ni siquiera el Mediterráneo ejerce sobre mi ánimo su acción benéfica. Confuso por la verosimilitud hallada en las palabras de Lady Hermione, nada me consuela. Sé que mis fantasmas sólo son sospechas fundadas.

El despotismo, la relación del mito conmigo es permanente. La tiranía la ejerce el mito en tanto sea creación propia, hijo de la imaginación fabuladora. Los grandes mitos, aquellos a los que pudiéramos llamar, en clara contradicción con su propio sentido, históricos, me son indiferentes. Los otros, por el contrario, son decisivos. Los he trabajado con tanta pasión que, a la postre, me siento ante ellos débil y complaciente. También los relaciono con el pasado porque me descubro incapaz de crear nuevos mitos. No se limitan a héroes y antihéroes, los hay simplemente objetuales y también de intensidades ambientales y paisajísticas: la playa, que para muchos es una realidad compuesta de planos, arena, algún desorden y un número mayor o menor de gente, para mí es un espacio de fuerza metafísica. La playa está fuera de todo relativismo y en mi caso es absoluta. También sus pobladores lo son, quiero decir: rebasan los estrechos límites que el sueño, hecho narración, marca a los mitos.

Por el contrario, tengo la certeza absoluta de que aquel, yo mismo, que fue privado del bien de los sueños, vive la experiencia de uno. En él se mueve indecisa, arrastrándome en sus inseguridades, una mujer muy bella. Una mujer desleal y engañosa, mas una criatura que se me ha hecho necesaria como el mar y más aún como el aire que día a día me permite llegar a la orilla del Mediterráneo.

Así como se repiten los sueños se repite también la experiencia real. Siendo muy joven amé con desmesura, enloquecido, y tuve también las reciprocidades del amor. Pero, contemplando el pasado desde la experiencia acumulada, me pregunto: ¿Aquello fue amor o ficción de amor?, y es que, tras conocer a Cristina, morir y renacer en ella, creo que el amor debe ser tensado en lo dramático. No es una actitud masoquista la que aquí expongo, es la búsqueda de la seguridad amorosa, de la posesión del objeto amoroso que sólo en un vívida sensación de precariedad puede probarse. Pienso en la fisiología elemental de algunos mamíferos. Hace un par de horas, para hacer más sabrosa la pitanza a mi perro, simulaba con un movimiento del pie que le iba a quitar la comida. La reacción de animal fue terrible, sin embargo, al poco —comedor apático por lo general— devoraba ávido su ración de despojos. Siento no hallar un ejemplo menos prosaico para explicarme, de todos modos me parece suficientemente claro.

Hubo, eso sí, una época más sencilla, la anticipación de un paraíso que se ha de perder, del mismo modo que el niño pierde la dentición lechal. Entonces yo no tenía más preocupación que ir creciendo, medirme cada verano en una habitación a la que se había decidido no pintar para dejar memoria de cómo iban creciendo los niños de la casa.

No son muchos los recuerdos que guardo de la adolescencia, sólo ráfagas emocionales, imágenes fijas que, nacidas —como todas las fotografías— para memorizar felicidades pretéritas, tuvieron, nada más hechas, un fuerte valor nostálgico. Recuerdo una del grupo: los padres y los hermanos, sentados, quietos para que la técnica no fuera allanada y la foto sufriera el temblor de lo imperfecto que hace a las fotografías más íntimas y naturales. El revelado nos bronceó con exageración la piel, y el mar tenía olas alzadas, inquietas, olas que, en aquella fotografía, jamás llegarían al fin natural de todas las olas: la playa. Recuerdo esta foto de manera muy distinta. Algunos de sus protagonistas empiezan a desdibujarse en la desmemoria, en la infidelidad de la memoria, sólo la foto les permanece fiel. Un día, el poeta me dijo en un trance de naturalidades infrecuente en él: Los recuerdos gráficos deben contemplarse en las tardes de lluvia. Así que pocas ocasiones tengo para sentir verdaderamente el lenguaje evocador de este retrato. Pocas veces llueve en el Peñón del Cuervo.

La imagen del amor estaba allí, inexplicable, ajena, no participativa y al servicio de los otros. En las tardes de mi adolescencia, cuando mis hermanos se reunían a jugar al tenis y a bailar, percibía una sensación de distanciamiento y un punto de suave melancolía. Recuerdo que una de aquellas tardes un joven deportista, dominador como pocos de los resortes de la simpatía, me encargó que le fuera cortando flores de las villas lindantes a la nuestra, y todo para armar un ramo que él, como un caballero áureo, le entregaría al atardecer a su pretendida, mi hermana. Los otros momentos estaban compensados. Mientras los adultos bailaban los primeros *fox-trots*, yo debía, a cambio de una cantidad que me parecía excesiva, darle cuerda al viejo gramófono cuya voz, si se lo desatendía, se desmayaba en un lamentable final bajo y perezoso.

Pero nada tuvo tanta importancia como la sensación de estar al límite de cruzar la frontera. Solía ocurrir en las horas de la siesta del verano. Sigiloso, salía de la villa, tomaba la bicicleta y pedaleaba sin descanso hasta llegar a las proximidades del Peñón del Cuervo. La meta era la barriada de pescadores. Allí, casualmente, en los inicios del verano, descubrí la armonía de una muchacha. Muy joven, el aire del mar no había aún ejercido la cruel oxidación que aplica a cuantos viven en su cercanía. Era su pelo un resplandor en el instante de servir a la brisa haciéndose bandera; después, casi inmediatamente, descubrí las formas pequeñas y tentativas de sus pechos. La miré tan intensamente que ella, enfurecida, me lanzó un guijarro. No me dio, ni tenía ella intención de que me diera. No fue amor ni una aventura. Fue sólo descubrir la rotundidad de lo femenino, su fuerza y su secreto. Al fin, una noche, entre la penumbra y el miedo, nos bañamos juntos, nos conocimos. Me entusiasma la idea de haberla poseído en el mar, de haber hecho un amor a tres en el clímax de lo más ardiente mitológico. El mar, ella y yo volvimos a reunirnos muchas veces. No hablábamos. Todo el apasionamiento se resolvía en el silencio de los cuerpos encontrados en un mar que hacía, insisto, de tercero. Pasado aquel verano no la volví a ver. Una tarde, una anciana desdentada y sucia me dijo, tal si conociera al pormenor nuestra historia: Huyó con un muchacho a otra playa cualquiera.

El proceso de descubrimiento del poder del sexo es elemental, suele darse de modo casi idéntico —respecto a sus fases, quiero decir— en todos los sujetos pasionales. Primero hay una etapa paradisíaca; en ella, el deseo ni siquiera interviene y el hombre, entonces niño, vive la permanente sorpresa de su entorno lleno de deslumbramiento y fascinación (Freud y los suyos han construido siniestras interpretaciones de precocidades sexuales que rechazo por contrarias a una concepción del mundo en lo emocional). Después vendrá un período de alteración intuitiva, con formación no del todo consciente de nuestras predilecciones; más tarde, el cuerpo, el propio cuerpo, se hace presencia y exige complicidades consigo mismo. El hombre en ese período se hace íntimo en tanto se autosatisface, de una manera también paradisíaca. No hay dolor, nada se echa de menos. Este estadio es muy breve, y el deseo se hace repentinamente incompleto y por tanto doloroso. Hasta que el cuerpo, el otro cuerpo, aparece como una necesidad inmediata. Tarde o temprano se producirá ese término que, en seguimientos bíblicos, se llama conocer, con olvido de que en la fase solitaria también el hombre se conoce para al fin reconocerse solo. Mas el conocimiento es, en casi todos los casos, un hecho elemental, no barroco, no precioso, desprovisto de emoción, en definitiva un hecho fisiológico. Así se llega a una situación que enlaza nuevamente con la primera fase. El sujeto exige algo más, la singularidad del deslumbramiento, la necesidad de reducir el mundo a una sola Cristina, hallarse en el otro horizonte: la frontera que deslinda la muerte de la vida.

El mundo, para la gente de la playa y para muchos veraneantes, se reducía al Peñón del Cuervo, fuera de él empezaba lo ignoto, lo misterioso, lo aún por descubrir. Tenían una conciencia torpe de lo que no fuera el Peñón del Cuervo, una conciencia en mucho parecida a la de la gente de letras y sabiduría antes del descubrimiento. También había un San Barandán fuera de nuestro territorio. La otra expresión, más trágica y definitiva era: Se lo ha tragado el mar. Aquella anciana, al hablarme de la muchacha que aprendió conmigo el poder de la carne, estaba tranquilizándome: lo peor no había pasado. Se había ido simplemente, no era presa del mar. Y también esta mujer primitiva, con su perfil de icono griego, parecía decirme: Alégrate, ella sigue siendo feliz aunque ya no lo sea contigo. La filosofía de siempre de este mar hipócrita y devorador. Durante aquel nuevo verano de soledades odié, como pocas veces he odiado, al Mediterráneo. Cuando acudía a la playa hacía lo imposible para no encontrarme con la vieja agorera. Después vinieron nuevas felicidades y otras muchachas que se hicieron costumbre de amor en mis brazos o yo en los suyos, y los días fueron de nuevo luminosos y densos, aunque el amor fuera todavía, para mí, un fruto desconocido.

XXI

El cielo se rompió el día en que el padre de Freud (aún no se llamaba así) cometió aquella locura. Freud era uno de los compañeros de las clases del verano, de las clases para los que no íbamos al ritmo con los programas escolares de invierno. Freud era muy envidiado. Amaba a las estrellas, y las amaba con tal tenacidad que pienso que su fijación estelar era parecida a la mía por los mares. Freud era mi mejor amigo, ese amigo con el que se comparten las primeras dudas y los primeros descubrimientos. A falta de estrellas —nadie se puede bañar ni es posible nadar entre las estrellas— solía llevar los bolsillos atiborrados de canicas de cristal. De vez en cuando las mostraba, las colocaba en su mano, de tal manera que la luz rompiera en destellos su esfericidad: Como las estrellas, decía entonces. Freud era imaginativo y, cuando percibía un índice alto de atención a sus palabras, se apresuraba a improvisar un sistema solar y un cosmos construido con los escasos materiales científicos que había estudiado. En aquellos años, la gente se sentía más atraída por la astrología que por la astronomía, pero era precisamente en el déficit científico, en la manera de suplirlo, gracias a la imaginación, donde radicaba el fulgor oral de aquel Freud que se llamaba de un modo que hoy soy incapaz de memorizar. Si existe la amistad amorosa entre muchachos, con Freud viví, adolescente, esa experiencia.

Desconozco los pormenores, las motivaciones y las circunstancias del suicidio del comerciante que andaba siempre quejándose de la fantasía de su hijo, un muchacho que con el tiempo se llamaría Freud. Especialmente se quejaba el padre de que, cuantas veces le preguntaba sobre sus proyectos para cuando fuera mayor, si es que alguna vez llegaba a serlo (solía recalcarlo con incordiante ironía), el muchacho, indignado, le gritaba: ¡Seré especialista en espejos, aquél que conoce el mecanismo reproductor de las imágenes! En más de una ocasión la respuesta le valió una bofetada, pero Freud no era rencoroso, ni pensaba que hay una edad en la que, para ser, es preciso matar al padre. Cuando el buen hombre se suicidó, el muchacho lloró tanto y tan desconsoladamente que estuvo a punto de adquirir una conjuntivitis crónica. No permitió que nadie recogiera los pétalos (así los llamaría más tarde) del cerebro y el cerebelo paterno esparcidos por las paredes de la habitación —el disparo había sido terrible—, sólo él los fue despegando, valiéndose de una pequeña cuchara y, ya reunidos, los colocó en el lugar que anatómicamente les era propio. Después lanzó un grito terrible, un grito de lobo, de bestia herida, y por qué no, de muchacho que ha sentido y vivido el espectáculo de un suicidio conscientemente exhibido a los suyos por el suicida. Y ya todo fue oscuridad, o claridad distinta, locura o confusión y sin saber por qué, arrastrar para siempre el apodo de Freud.

La noche en que velaron al suicida, la playa se encendió de hogueras. Tristes hogueras, dijo un anciano filosofando, queriendo darles un sentido distinto al de la fiesta del fuego. Para nosotros eran las mismas hogueras pero, de tanto decir su diferencia, se hicieron diferentes. Esa noche, una vieja del mar, igual a todas las otras viejas de la playa, profetizó la locura del pobre huérfano: Basta oír sus gritos de lobo para saber que con ellos se le ha ido el juicio. Qué juicio, preguntó otra de las ancianas. Pero la vieja primera no quiso o no supo responder.

Fue el primer inmóvil que conocí en mi vida. El viaje a lo catatónico es un viaje no dinámico. Tiene en su aspecto la dejación de lo místico, pero también se advierte una clara diferencia entre la liberación del nirvana y la sujeción al árbol asfixiante de la esquizofrenia. El viaje por la locura —al menos el del muchacho que aún no se llamaba Freud— fue un viaje sin desplazamiento. Un ir de la obsesión paralizante al punto cero de esa misma obsesión. Recuerdo que, solía yo —su mejor amigo— colocarme a su lado igualmente inmóvil, como si de esta forma quisiera solidarizarme con él.

Una mañana, Freud cambió repentinamente su inmovilidad por un estado convulsivo que se traducía en un ir de acá para allá sin poder dejar de hablar. Durante la fase catatónica su cerebro debió pergeñar una historia de policías, justicias e iniquidades en las que él debía ser protagonista. Se diría que había sido designado *Sheriff* de la Existencia.

El irregular comportamiento de Cristina, unas veces de rechazo y otras de total dependencia hacia mí, acabó creándome una situación de angustia permanente, y me volvió muy sensible. A los celos y la desconfianza se añadía una inexplicable hipersensibilidad ante ciertos signos y símbolos. La paloma muerta, es decir, el ave desposeída de vuelo, me causaba un malestar que a su vez generaba un frecuente encuentro con este signo al que, un inesperado espíritu supersticioso en mí, le había otorgado el valor profético de anuncio de adversidad; de otra parte, los hidrófobos, con los que había convivido desde mi infancia, se descubrían como signos terribles de los días inciertos que se cernían sobre Europa; verdaderos referentes de las granjas de sacrificios a las que eran arrastrados no sólo judíos, sino gitanos, homosexuales, delincuentes reincidentes, disminuidos físicos. El sentirme rechazado había despertado en mí sensaciones hasta ahora ocultas. Podía decir que mi dolor se anticipaba a los dolores de la historia. Todo esto, incluso a mí mismo, me parecía excesivo. No suelen ocurrir fenómenos de esta naturaleza en territorios sin apenas importancia. La historia se vale de las mayúsculas, pero, pese a entender que las cosas funcionaban así, aun a falta de sueños, volvía a mis visiones diurnas, imágenes claras y explicativas, que suplían en letra minúscula la carencia del delirio onírico.

Por aquellas fechas la visión de altísimas chimeneas, de las que manaba constante un humo denso y gris mezclado con cenizas, era el único argumento de estas visiones. Y una observación añadida: ninguna ave osaba sobrevolar aquel espacio cuya representación llegaba a causarme intensos dolores de cabeza.

Mi extraña relación con Cristina me hacía pasar, aun en otoño, casi todo el tiempo en la playa. Sólo al anochecer volvía a Villa Varsovia esperando el milagro de que se abrieran para mí las puertas de una habitación que una vez convertimos en la desmesura de un océano para dos náufragos. En aquella época tenía la impresión de salvarme en cada abrazo, en cada unión con la mujer que podía soportar el peso de todas mis metáforas pasionales. El resto del día lo pasaba contemplando unas veces el Peñón, otras mirando los planos de aquella playa solitaria, y las más de las veces refugiándome en la locura de aquel Freud que había sido el mejor amigo de mi infancia.

Mi antiguo amigo empezó a tratarme como una pieza más de un colectivo hostil. El hecho de verlo, indiferente al mar y al otoño pero próximo, me hacía pensar en los días indecisos de la adolescencia. No deseaba, pese a todas sus molestias e inconvenientes, que me abandonase. Me encontraba demasiado solo, demasiado inmerso en la tragedia de un rechazo que no dejaba de valorar como caprichoso, demasiado víctima de Cristina para permitirme el lujo de despedir a aquel desdichado Freud, más aún cuando, gracias a él, había descubierto los extraños perfiles de la demencia, su fulgor y sus sombras y más que nada sus aristas.

Por lo demás, la playa seguía desierta con la salvedad de la infrecuente presencia del joven oriental y de las visitas que, al atardecer, solían efectuar los hidrófobos.

En torno al joven chino se extendía cada vez más la leyenda de ser él y su gente artistas de un circo de platos en equilibrios, sedas zigzagueantes, nenúfares que a una palabra cambian de color y quimeras domesticadas. La colonia extranjera empezaba a tratarlo a él y a su familia de forma displicente. En ocasiones me hubiera gustado enseñarles la manera prodigiosa con que este joven movía las piezas de su ajedrez, o explicarles algunas de las magias que le había visto practicar en la playa, para desmentir aquella leyenda sin sentido que sólo conseguía hacer más inhóspito el exilio vivido entre nosotros.

Sólo algunas mañanas lo veía elevar su cometa al cielo intenso y mediterráneo. Corría el muchacho seguido de un criado. Un amanecer llegué a descubrir el juego predilecto de aquel joven amable y a la vez distante. Escribía con el vuelo de su cometa viejos versos de la mejor tradición china. Versos nacidos para que nadie pudiera leerlos, versos sentidos únicamente por quien los escribía en el aire.

Nada especial recuerdo, salvo lo dicho de un otoño que, en esta playa, quería ser del todo ajeno a la beligerancia de un mundo en plena destrucción. Hubo, sí, un hecho muy especial. Estaba el hombrecito contemplando el instante en el que la furia de las olas se deshacían en la orilla, cuando un golpe de mar le arrojó a sus pies la silueta intensa y negra del cuervo que hacía meses había liberado en el Peñón para darle carta de naturaleza a su nombre. Casualmente lo miraba, y pude descubrir en su rostro la máscara de la sorpresa. El mar acababa de destruir uno de sus juguetes preferidos.

Los hidrófobos aparecían únicamente para repetir su cansada liturgia de humillaciones y agresiones. Creo que fue en esa época cuando empecé a desentenderme de ellos.

Y esa tarde, igual a todas las tardes del abandono, vi, agitada y apresurada, la figura servil, histriónica y llena de egolatría del falso Valentino. Dado que estaba claro que algo sucedía en la villa, adopté —una manera infantil de hacerme el importante— una actitud indiferente. Miré al criado como si no lo conociera y le di la espalda.

—Señor, señor —habló al fin Valentino—, es necesario que vuelva a casa. La señora lo necesita.

Me levanté, fingiendo incomodidad al hacerlo. Otra estupidez de mi parte, pues sabía que en modo alguno Cristina le permitiría confidencias a un criado. Podía jugar con ellos, tratarlos como objetos de sus caprichos y diversiones, y hasta podía entender que su madre, en la madurez, hubiera adornado su lecho con la belleza efímera de uno de esos muchachos, pero nada más.

Camino de Warszawa House me di cuenta de que no sólo Valentino me seguía, sino que Freud corría tras de mí repitiendo su historia justiciera. Es curioso, me dije, regreso seguido por dos impostores. Y aligeré el paso.

XXII

Mi presencia en Warszawa House vino a coincidir con la crisis de gobierno del doctor Harpo. Insisto en lo de gobierno y rechazo el concepto más natural de crisis de confianza, porque el relumbrón de aquel psiquiatra, desde la entrevista con Cristina, se había hecho dueño de la situación. Ajeno a la vida sentimental de la mujer que amo, ejercía, no obstante, sobre ella, un poder tiránico. Esta permanente actitud era uno de los motivos que me hacía pasar las horas en la playa y demorar mi regreso a los pasillos míticos de una casa que, si bien no era mi hogar, era el puerto de todas mis pasiones. Aquel cretino y fatuo ignorante le había llegado a insinuar a Cristina que la villa debería gozar de extraterritorialidad. No se refería, evidentemente, a pretender un *status* afín al de las embajadas y consulados; el loco quería insinuar que en la Villa deberían seguirse las mismas normas tiránicas por él impuestas en la Casa Alta. Listo e intrigante, conocedor de la decisión de su cliente de no permitir la salida del niño del hogar, había optado por traer la montaña a la villa. Su propósito incluía la ausencia de testigos.

Como aquella mente enloquecida no tenía freno, Harpo pensó que la única forma de obtener algún beneficio de la situación debería ser por medio de la utilización de técnicas muy sofisticadas. Por aquellos días aún utilizaba la psiquiatría cuartelera las terribles inyecciones de aguarrás, capaces, a fuerza de dolor, de «sacar» al paciente de su fijación morbosa. De tratarse de otro enfermo (para el caso de que Remo lo fuera, calificación que en modo alguno compartía), Harpo no lo hubiera dudado y él mismo habría practicado el «remedio». En sus labios, trazados de una manera imprecisa, acartonado el inferior tal si estuviera diseñado para recoger una baba interminable, se descubrirían las debilidades sádicas del médico. Cuantas ideas se le iban ocurriendo eran rechazadas por su propio sentido de conservación, sentido elemental, ya que dicha conservación se refería al puesto de especialista en conductas estrafalarias en una familia poderosa. Harpo tenía miedo a perder su trabajo, y más miedo aún a que su permanencia en torno a los Rypin no le fuera gratificante.

Había oído hablar de las experiencias de la llamada psicocirugía. Un refinamiento excesivo para Harpo que concebía los remedios de su especialidad del mismo modo que el chófer de la anciana señora entendía los principios de la mecánica automovilística. Éste, un hombre fuerte y de pocas luces, cada vez que el Hispano-Suiza tenía un fallo, haciendo acopio de toda su fuerza alzaba el vehículo por el morro y lo traqueteaba. Era una técnica misteriosa que daba resultados y que el buen hombre confesaba haber aprendido de su padre, cuando, ante una avería de su reloj de bolsillo, lo zarandeaba hasta ponerlo nuevamente en marcha. Harpo creía en el poder de la fuerza, su poder. Lo ejercía sin ningún miramiento. Los que lo conocían estaban seguros de que, en él, eso que se ha dado llamar conciencia no funcionaba. A veces, a aquel insensato le gustaba repetir un concepto fuertemente arraigado en los principios democráticos para subrayar su insensibilidad al respecto: Para el psiquiatra y para el director de orquesta, decía, no existen más limites a su poder que el de su voluntad decisoria. Cuando así se pronunciaba se extendía en explicaciones, dando pormenores innecesarios, más que de la función del alienista, de la del director de orquesta: ¿Se imaginan, en un concierto, al público pendiente de que los músicos consensúen una nota de la partitura? Por lo demás era despreciativo con cuantos acudían a él. La palabra loco se había devaluado en los ambientes científicos, se hablaba de enfermos mentales y de otros términos, pero a Harpo le gustaba decirla, despreciativamente, con el convencimiento de que aquél a quien iba dirigida había caído para siempre en su ratonera.

En cierta ocasión en la que un paciente —sintiéndose razonablemente perseguido por Harpo— se disponía a agredirle con un arma blanca, una desdichada enfermera se interpuso entre la fijación del enfermo y el médico, llevándose una puñalada terrible que le partió el corazón. El hecho de que Harpo hubiera huido, cubriéndose la cabeza con su bata clínica sin socorrer a la enfermera, hizo que durante algún tiempo su fama y su valor se cuestionasen en los ambientes del Peñón del Cuervo. Al poco, entendiendo Harpo que la mejor manera de reivindicar su postura era actuar de modo ejemplarizante, cuando se encontraba a alguien de cierta importancia social lo conducía a la Casa Alta. Allí, en un cuartucho miserable, casi desnudo, desnutrido y con los ojos inyectados en la enésima potencia de todas las fijaciones, el infeliz demente era exhibido por su carcelero y psiquiatra, en tanto que el médico instruía al horrorizado visitante: Para tratar con esta gente hay que ser así. Y llegó en su vindicación a más. Una vez en la que se le había pedido un comentario sobre los nuevos medios de su especialidad, aquel insensato se permitió hablar de algo que borrosamente quería ser una filosofía que generaciones venideras conocerían como Solución Final. Una sociedad sana y culta, exclamó, pensando en aquel desdichado, su preso de la Casa Alta, no puede permitirse el lujo de malgastar la fuerza, el poder y las energías en atender a esa basura de la humanidad: el loco peligroso. Una advertencia del Colegio Médico le obligó a rectificar, si bien lo hizo asegurando que había sido víctima de una interpretación maliciosa de sus palabras: Nacida, aseguró, de la mente enferma de algún colega celoso de sus éxitos. Para desdicha de cuantos sufrían más de lo debido los rasgos de una personalidad excesiva, en la jurisdicción sanitaria del Peñón del Cuervo no contaban con más alienista que el increíble Harpo: el perseguido-perseguidor en una sola pieza.

La idea de someter al jovencito a una intervención de psicocirugía le debió parecer, de todas las soluciones, no sólo la más rentable, sino también la más atractiva por lo que tenía de infrecuente. Durante meses, Harpo fue visto yendo y viniendo a la Oficina Postal. Al parecer se trataba de libros. Le llegaban paquetes de libros que él hacía cargar a un hidrófobo sumiso. Como es costumbre en cuantos tienen un yo desmesurado, su habitación durante aquellos días permanecía de noche con la luz encendida. Era necesario que se pensara: Harpo está profundizando en sus estudios más allá de lo razonable en un especialista tan afamado. Harpo creía en la existencia de un límite para el conocimiento, y le gustaba pensar que los demás pensaban que ese límite lo había superado hacía ya muchos años. De todas formas, haciendo grandes esfuerzos y contradiciéndose, investigó cuanto estuvo a su alcance en relación con la técnica de la intervención que su osadía estaba dispuesta a proponer.

Había elegido con sumo cuidado la ocasión más idónea para tratar del asunto con Cristina. El día, dentro de la escasa oferta que el otoño suele ofrecer por esta costa, tenía cierta luminosidad favorecedora. Un día —hubiera pensado otro— adelantado de la primavera para traernos un poco de alegría. Solicitó del criado un inmediato encuentro con la señora Masterman. Ya ante ella, empezó a emitir sonidos que, aunque ininteligibles, sugerían cierta seguridad en el que los emitía. Habló, al fin ya con más claridad, de las ventajas de una ciencia cada vez más evolucionada, invocó el progreso y la investigación. Lo hizo aparentando creer que la inteligencia y cultura natural de una aristócrata sabría comprender de qué le hablaban: Lobotomía, dijo, y, para que el término brillase aún más, hizo un leve sonido, como si aquél llevase acoplado en su fin un eco de magnificencia y aplausos.

Cristina lo miró con ojos de madre confiada y dejando al margen los orillos verbales de Harpo, se pronunció con evidente lógica:

—No lo entiendo; créame, no sé de qué me habla; así que tendrá que repetirme su discurso.

Desconcertado, Harpo palideció, y, tras rebuscar en su diccionario mental para emergencias, tradujo a su propio lenguaje —el único que él mismo entendía— lo que acababa de proponer.

—No se me oculta, querida y respetada señora, que usted me ha comprendido; sin embargo, me atengo a las instrucciones y paso a explicar qué es la lobotomía. En verdad estamos ante una mínima intervención quirúrgica, una operación sencilla y sin ningún riesgo.

Para Cristina fue como si de repente hubiera conocido que la salud mental de sus hijos, de ambos, había estado en manos de un sacamuelas sin escrúpulos, y no porque supiera de qué se trataba la oferta de Harpo, sino porque un cierto sentido metafísico de la existencia le hacía rechazar la idea de que una intervención quirúrgica, con más o menos riesgo, pudiera ser la solución para un problema del espíritu. Ella había contratado al alienista por entenderlo como una rara especie de sacerdote civil, capaz de poner nuevamente en marcha, con voces amables, sonidos preciosos y adjetivos que ella no lograba descubrir, la salud de Remo y también la de Rómulo.

La teatralidad de la escena que siguió a la propuesta me ha sido contada de tantas formas y maneras que yo mismo —partiendo del conocimiento que tengo de los protagonistas y sus caracteres— he acabado por componer mi propia versión.

Entre pantera, criatura mitológica que acaba de descubrir la criminalidad del incesto y furcia cuartelera, de todo ello hubo en la acción, palabras y gestos de mi adorada Cristina. Miró primero al médico, sacudió de inmediato la cabeza y, cosa impensable en aquella mujer nacida para superar el perfil de Nefertiti, escupió, no las verdades del barquero, sino verdadera saliva en la cara de aquel estafador que se valía de un título académico para sorprender a una clientela débil y confiada. Harpo también estuvo, visto que el negocio se le iba, a la altura de su propia personalidad, de la verdadera, de la que tenía guardada en la profundidad de un calabozo, su propio yo, y llegó a decir que hechos tan desagradables como éste sucedían cuando la inteligencia se ponía al servicio, no de la cultura, sino de la cuestionable aristocracia de unos países bárbaros. No hubo lugar para la contestación de la Rypin ofendida, pues ya el Doctor abandonaba con el imprescindible portazo los encantos otoñales de una villa mediterránea.

XXIII

Cristina, ya más ella, más serena, abrazada a Remo lloró en silencio. Al poco le pidió al criado que me buscase. Debía hacerme regresar, estuviera donde estuviera, hiciera lo que estuviera haciendo. Era, lo dejó bien claro, una orden que no admitía excusas en su cumplimiento. Cuando Valentino me contó, camino de Warszawa House, la ineludible obligación que su señora le había impuesto, no pude menos de sonreír: aquel mandato tenía mucho que ver con la muchacha que yo amaba. Cristina sabía que fuera de su villa no podía yo estar en otra parte sino en la playa, y también sabía que, apartado de ella, todos mis pensamientos le estaban dedicados, y el resto del tiempo se satisfacía en curiosidades menesterosas, hablar de matemáticas con un general anarquista, observar el misterio y la pobreza de unos muchachos que en grupos de seis o siete bajaban a la playa y que le tenían miedo al mar, oír, como si fueran nuevas y reveladoras, las frases repetidas de mi imprescindible Freud; y, en raras ocasiones, entretenerme con el sentido poético de la existencia de un muchachito amarillo que empezaba a sufrir el injusto apartamiento de aquellos que, como él, eran también exiliados en el Peñón del Cuervo. Fuera de la playa, sólo los chismorreos de Lady Wilder Power y la nunca fácil conversación con Peter y Diana ocupaban mis horas.

Nada más verme vino hacia mí y, apretando sus lagrimas y sus mejillas a mi rostro, susurró angustiada: Perdóname, perdóname. No me he portado bien contigo.

La oí tal si atendiera las explicaciones de una niña arrepentida de sus travesuras. Descubrí, en el tono de sus palabras, en aquel absurdo pedir perdón, que su actitud de rechazo hacia mí nacía, no de la duda de la amante insegura, sino del capricho de una adorable criatura malcriada. La tomé de la mano y antes de volver a sus labios apreté fuertemente su muñeca. En este gesto ella encontraba un signo de seguridad, de protección, de dureza aceptable, sin que su dignidad desmereciera. No, nada tiene importancia salvo no poder navegar a tu lado, le dije con un tono de voz lleno de complicidades amorosas. De inmediato reaccioné. No debía olvidar que se me había llamado para resolver un problema: Cuéntame, por favor, cuéntame todo lo que haya sucedido en esta casa, le supliqué.

Desde aquella narración de su encuentro con Harpo, cuantas veces ha vuelto a contar el incidente lo ha hecho con tal capacidad imaginativa que apenas una versión se parece a otra. Y no es que Cristina tienda a la exageración o a formular mentiras no útiles, es que su increíble sentido de la originalidad le impide ser fiel a la exposición de un mismo hecho. Considera la realidad como algo estúpido ante la cual un mínimo sentido estético nos exige una vigorosa intervención. Si tuviera que traducir a máxima esta idea lo haría en estos términos: Toda realidad es mejorable; o, en este otro: La realidad debe ser tallada, aunque la mayoría de las veces descubramos la ausencia de diamante.

La lobotomía no era un concepto que me fuera desconocido. La amistad con un psiquiatra colombiano me había facilitado ocasionalmente una información que se hacía primer plano en mi memoria. Este amigo mío era un hombre en extremo educado, culto y con una tendencia loable a un humanismo compatibilizado con el estar al día en cuantos adelantos, hallazgos y medios iba acopiando una ciencia, una especialidad médica decidida a buscar sus raíces no en atolondradas intuiciones, sino en la investigación científica. El doctor Caruana había elegido la especialidad cuando, en su adolescencia, una filia y una cierta tendencia a un comportamiento tenido por heterodoxo, le llevaron a la consulta de un afamado galeno; éste, al poco de hablar con el muchacho, impresionado por su claridad de juicio, en modo alguno perturbado por lo que el paciente llamaba rarezas, le confesó que esa misma filia la sufría él desde que tenía conciencia explicativa de su comportamiento. Que nada debía hacer contra ella, que se dejase llevar. Y eso es lo que hizo Caruana. Salió de la consulta agradecido a un maestro que le había liberado de la carga insufrible de considerar su forma particular de entender el sexo como una cuestión vergonzante, y a la vez con la decidida resolución de ser el día de mañana también alienista.

Cierta tendencia en algunos profesionales, por muy eruditos y humanistas que sean, a resaltar el anecdotario de sus actividades, hizo que en una reunión sobrecargada de pequeñas historias, Caruana expusiese a cuantos con él nos reuníamos algunos conceptos de la psicocirugía. Consiste en practicar, explicó, una incisión en todas las fibras de un lóbulo cerebral. Una exposición tan sucinta como aquélla exigió de parte de los allí reunidos un desarrollo conceptual más amplio. Caruana se manifestó partidario de su prohibición, en tanto no se estableciera con rigor la eficacia de su bondad curativa y se dictaminase sobre los daños que la incisión podría causar en zonas no afectadas por la depresión, las fobias o las tendencias criminosas de los a ellas sometidos. Los partidarios de la lobotomía la consideraban como una panacea, un remedio para todo, en tanto que los más objetivos compartían las reservas de nuestro amigo.

Pero hay más, existe otro grupo que está preparando una memoria detallada de las secuelas producidas por la lobotomía en las clínicas americanas. Dicen que, con independencia de haberse observado en los intervenidos el retorno de aquellas fijaciones que se pretendieron destruir, y dejando igualmente al margen la engorrosa tarea de volver a enseñar al paciente a hablar, comer, moverse correctamente, muchos de ellos han venido a un estado de idiocia lamentable, en tanto otros han sufrido tremendas secuelas, pérdida de algún sentido, vértigos crónicos...

Me sentía responsable de cuanto hiciera y dijera a Cristina, tenía evidentemente que explicarle los riesgos a que Remo había estado expuesto, tenía que describirle, con la mayor economía de datos, la manera insensata en que era practicada una intervención que Harpo había calificado de menor y sin importancia. En una de sus versiones, Cristina me dijo que Harpo llegó a compararla, a niveles de riesgo y peligro, como muy inferior a la extracción de amígdalas o a una apendicitis en un hombre joven y deportista. Y tenía también que entrar en el detalle de las posibles secuelas de tal cirugía. Debía de hacerlo, no para que la madre desistiera de dar su consentimiento, su oposición estaba demostrada y contada de mil modos distintos, sino para que anduviera advertida de que no siempre es fiable ponerse en manos de una persona a resultas de una corazonada o una intuición. Harpo había permanecido en Warszawa House como un rey y se le habían consentido sus malos modos e impertinencias sólo porque Cristina creyó, sin ningún aval científico que apoyase su presentimiento, estar ante un taumaturgo.

En pocos minutos di por concluido mi informe. En tanto mis palabras eran comprendidas por aquella mujer, su indignación crecía. Nuevamente la tomé por la muñeca, la apreté fuertemente tal si quisiera decirle: No tengas miedo, nunca más volverán a ocurrir hechos como éste. Al hablarle quería también que entendiera que el hombre había dado paso al amigo, a alguien dispuesto a servirla en cuanto necesitase. Y aunque era sincero, no dejaba de sorprenderme al descubrir que la pasión, sus mañas, trampas y seducciones se abolían ante el poder inesperado de la lealtad entre amantes.

Las horas siguientes, a medida que Cristina se serenaba, adquirieron esa teatralidad a que antes me he referido. Hubo un momento en el que llegó a enseñarme un estuche de ébano lacado donde se guardaban las pistolas de duelo de un Rypin seductor. Se mesó los cabellos, procurando al hacerlo que su figura recortada a contraluz tuviera la extraña elegancia de un dibujo de Edward Burne-Jones, y lloró todas las escalas que los llantos permiten. Lloró como puede hacerlo una viuda de guerra, una madre que llega tarde a la clínica donde el hijo acaba de expirar; tuvo las lágrimas de la mujer abandonada, y lloró como la penitente llora en el desierto cuando no percibe los signos de la gloria que ha de seguir a su ascetismo.

Permanecí respetuoso y en cierta manera ajeno a su dolor. Me distraje (quizá no sea ésta la palabra adecuada) observando la tersura y los tonos de color de la fruta que adornaba los floreros de la villa (tenía Cristina una infrecuente facilidad para maquillar frutos y flores) y, especialmente, me llamó la atención —cruelmente asociada a Harpo y sus propuestas— la carnalidad de una sandía defendiendo su pulpa en la esfericidad verde de su cáscara. Fue terrible. Me imaginé cruel, ante ella, en el instante de abrir de par en par la fruta y luego, con un cuchillo, hacer incisiones aquí y allá, a la vez que, miserable, gritaba a una Cristina perpleja ante mi actitud: ¡Esto es lo que hubiera hecho tu protegido con tu hijo, con ese pequeño bastardo que tanto te preocupa! Di un salto inmediato y mental y volví a sostenerla por la muñeca. Lo hice cuando verdaderamente era yo quien necesitaba un gesto amable de serenidad.

Esa noche fui indultado. Volví a su lecho. Dormimos como amigos. La sentí respirar a mi lado y noté, gracias a la claridad de la luna reflejada en su rostro, la auténtica naturaleza de sus lágrimas. No pude contenerme y la abracé fuertemente.

XXIV

Poco a poco la vida en Warszawa House se fue distendiendo. En modo alguno quiere decir esto que el estado general de Remo hubiera mejorado. Remo había pasado a ser un problema archivado pendiente de una solución que de seguro llegaría, una solución que todos presentíamos próxima, pues estaba relacionada con el fin de la Guerra. En sí ya era importante que la casa se hubiera liberado de la influencia agitadora y nefasta del Doctor Harpo, un impulsor de histerias. Tras algunas conversaciones logré llevar al ánimo de Cristina la conveniencia de esperar a que la conflagración mundial de tanta repercusión en Europa cediera su furia para entrevistarnos en Londres con un afamado psiquiatra, médico de buen talante y de tanto juicio que su razón permanecía impermeable a los síndromes variados que la insania, día a día, le ofrecía mediante el diálogo con pacientes de muy variada patología. Los psiquiatras tienen cierta blandura, cierta propensión a dejarse llevar por los caprichos mentales de sus clientes. Nada de esto sucedía con aquel médico británico. Antes de encontrar esta solución como la más idónea hicimos algunas gestiones para localizar a Caruana, mas mi viejo amigo, muy sensible a los desórdenes sociales, estaba ilocalizable (y lo estaría hasta el final de la Guerra). Respecto a Remo tomamos algunas medidas. Se hizo imprescindible distraerlo con ofertas que ningún muchacho rechazaría y así lograr que —no sin dificultades— se alimentase.

Personalmente, el caso del gemelo ofendido me parecía menos dramático y efectista y, sin embargo, más profundo y —creía— de mayores dificultades para hallarle una solución en los límites de la psiquiatra. Rómulo se había convertido en un ser desconfiado y agresivo. En relación con su madre mantenía la misma actitud. La consideraba cómplice y protectora de su hermano, y el hecho de que Cristina estuviese tan pendiente de Remo, una prueba de esa traición. Era el ofendido, el que había sido expulsado del paraíso por las suciedades de un pequeño vicioso. A veces, incluso en presencia de su madre, escribía en las paredes palabras obscenas (cuyo significado estaba seguro de que no llegaba a alcanzar) en las que injuriaba a Remo, ausente de toda aquella parafernalia. Rómulo era lo suficientemente listo y vengativo como para darse cuenta de que no había fingimientos en la postura de su hermano; fue entonces cuando inició la campaña contra su madre. Provisto de un bloc de notas se dedicaba a escribir pequeñas octavillas de índole ofensiva contra ella. Cuando Cristina reunía a su mesa a los amigos de siempre, Rómulo, tal como un joven revolucionario, repartía las hojas del bloc. La buena educación de los invitados les hacía simular no darse cuenta de lo que estaba sucediendo en una casa que, hasta hacía muy poco, había sido tenida como el lugar más hospitalario y a la vez más original y divertido de cuantos rodeaban al Peñón del Cuervo. Sólo en una ocasión don Porfirio, mientras repetía la historia de la encantadora maharajaní, dejó en suspenso el relato para, mirando la nota que se le ofrecía, hacer un gesto extraño a su anfitriona, un gesto que era como una descarada interrogante. Nunca más la *Viuda negra* fue invitado a la villa. Nadie, estoy seguro, echó de menos ni su presencia ni sus miserables chismorreos; quizá —no lo aparentó, justo es reconocerlo— Valentino debió quedarse descansando, no sólo del acoso a que permanentemente le sometía don Porfirio, sino de tener que hacerle algunas concesiones, pues hasta ese extremo era liberal el falso actor.

El estar algunas horas fuera de Warszawa House hacía más gratificante el regreso. Yo era como un Ulises que volviera a Ítaca cargado de pequeñas anécdotas que enriquecían a la postre la convivencia con Cristina. Ella me preguntaba por Freud o por el General anarquista con interés no disimulado. Al hacerlo parecía que estuviéramos tratando de criaturas míticas. El joven oriental resultó ser el personaje predilecto. Le encantaba encontrar coincidencias de forma de ser y de comportamiento con el muchacho amarillo: el misterio, la belleza y cierta capacidad para crear un ambiente enigmático. Sólo la sofisticación los separaba. Cristina sí lo era; el hombrecito podía, por el contrario, ser considerado como exótico, como sujeto poco frecuente, pero nunca un ser sofisticado. No siempre los comensales ofrecían un asunto digno de ser contado, así que opté por inventar «hazañas». La facilidad para imaginar sueños me fue de gran ayuda y acabé por convertir parcelas de realidad en leyendas para ser contadas.

Mas no siempre aquella pequeña odisea tenía perfiles positivos; a veces, cuando acudía a *La sirena azul*, podían ocurrir algunos acontecimientos dignos de ser narrados, y si al finalizar la tarde nada especial sucedía, me bastaba, al regresar a la villa, con relatar la atmósfera del local, recrear el aspecto de los camareros, la nueva clientela y sus particularidades o, en todo caso, mencionar mi sospecha de que tal o cual conocido de Cristina se hallaba en aquellos días envuelto en un asunto de espionajes o de intrigas.

Tenía yo mis modelos predilectos, uno de ellos lo componía la pareja formada por aquel señor extraño de afectación singular, suave maquillaje en el rostro al servicio de aparentar menos años y la «niña», vestida de trajes infantiles copiados de la pintura costumbrista inglesa del XVIII. La primera vez que los vi en Warszawa House tuve la desagradable impresión de encontrarme ante un pederasta que actuase con total impunidad. Verlo en la casa de Cristina me indignó, y, saberlo antaño amigo de la anciana señora Rypin, me llenó de confusiones. Mi perplejidad duró poco, aquella noche de fuego y reses abiertas en canal supe que el anciano señor, un aristócrata portugués, había tenido efectivamente un desdichado encuentro con la Justicia dada su obsesiva manía de mezclar en sus debilidades pasionales a algún que otro menor. Un mínimo sentido de la prudencia le facilitó una solución suficientemente gratificante para compaginar, si no menores, al menos la apariencia de la infantilidad, y con ello satisfacer su particular inclinación. La casualidad, en forma, mínima forma, de trapecista de circo facilitó sus proyectos. Se trataba de una preciosa muñeca viviente, una liliputiense de gran valor personal que, con desafío al vértigo (dado su tamaño, toda altura era demasiado para ella), efectuaba su número en el Circo de Moscú. Con habilidad, no falta de fantasía, logró don Manoel (así se llamaba el aristócrata) convencer al empresario circense con el que la «pequeña» trabajaba. Estuvo éste duro en la transacción logrando una suma considerable de francos franceses por la rescisión del contrato. Faltaba ya sólo al portugués seducir a la intrépida artista. No le fue difícil, algunas alhajas, pieles y la promesa de una total dedicación fueron argumentos bastantes para que aquella criatura, cansada de tener que soportar las morbosidades de cuantos la esperaban después de la función para satisfacer en ella los más siniestros caprichos, diera el consentimiento. Lalín, así era conocida la enana, solía hacerse pagar los «servicios». Digna, muy digna, no toleraba que la tildasen de puta. Al referirse a ella misma, anteponía una ligera explicación en la que dejaba claro que era una señorita: No lo olvide, está hablando con una señorita; está haciendo el amor con una señorita, y no me corro precisamente porque soy una señorita, y págueme y no me maree más con tanto romanticismo de última hora, que soy una señorita. El sueldo, todo el sueldo, le era requisado por una madre inmensa y paralítica que vivía en un paraje de la estepa rusa de nombre muy complicado de aprender y más aún de decir. El empresario era el encargado de hacérselo llegar. Don Manoel prometió atender las necesidades de aquella suegra lejana, y Lalín, ante tanta generosidad, se comprometió a serle fiel y a complacerle en las pequeñas exigencias de la libido.

Don Manoel era un caballero de curioso porte, un Quijote del siglo XX, con una tendencia natural a la exageración y la caricatura; mas también se le podía considerar consecuente con ciertas parcelas de la verdad; así, su dentadura era postiza y, para —como él decía— no engañar a nadie, había encargado al protésico que la fabricó que le diera un aire de autenticidad, labrando en ella algún punto de carie, lo suficiente para dar la impresión de ser suya la sonrisa, pues a quién se le podía ocurrir usar una prótesis con un defecto tan evidente. Aunque, como aristócrata, sabía bien que los dientes de oro son de un gusto atroz —dignos de un Gardel de tercera o de un marroquí vendedor de alfombras— brillaba, no obstante, en un falso incisivo, el mejor oro portugués con sus iniciales grabadas en caligrafía gótica. Solía explicar, cuando alguna vieja duquesa se lo afeaba, que al diente él no lo tenía en cuenta, que ni lo miraba ni lo veía, pero que era de mucha admiración entre la gente de su trato. Nunca mencionaba qué tipo de gente era aquélla. Pese a estas rarezas y a los espantosos antecedentes penales que le perseguían de país en país, le gustaba al buen portugués guardar las apariencias dignas de ser guardadas por un caballero de su clase, y por eso mismo le pareció impropio contraer matrimonio con su pequeña y preciosa puta. Hubo, eso sí, una falsa ceremonia. Se celebró en el Casino de Estoril, y en ella, la novia (que bien vista, y no con los ojos y el deseo miope de don Manoel, era casi tan anciana como su pretendiente) apareció vestida con un traje sencillo y evanescente de Primera Comunión. Para que todo fuera más infantil, en vez de almuerzo se dio un desayuno.

No sólo fueron invitados los amigos del novio (se prescindió de los de la novia: todos gentes de circo), sino también los hijos de éstos. Se hicieron fotografías y se repartieron invitaciones de color caramelo que gustaron a los invitados, a los hijos no sabemos, pues los progenitores tuvieron la cautela de no exponerlos a la codicia libidinosa de aquel tremendo don Manoel, y al final de la tarde, no sin cierta picardía, la novia manchó el albor de su vestimenta con chocolate.

En el secreto de una habitación, que el esposo había hecho adornar de glicinias y rosas artificiales de seda muy blanca, los amantes se dijeron palabras pequeñas de escasas sílabas para que todo estuviera en proporción al tamaño de la novia; y como homenaje de delicadeza y ternura, don Manoel sorprendió a Lalín al llevarla en brazos hasta el lecho, pues éste, además de con blondas y encajes, había sido adornado por un repostero de fama en Lisboa con merengues y cremas y también espolvoreado de azúcar para que, más que en la cama, los amantes consumaran su pasión sobre un inmenso pastel. Así transcurrió la noche entre besos pitiminíes de mucha dulzura y no menos pegajosidades.

Nunca más el novio cayó en la tentación de repartir golosinas a las puertas de liceos y colegios ni de hacer regalitos económicos que le comprometieran. Había logrado una meta no dolosa ni criminosa, vivir con una muñeca, con una niña que era sólo una niña artificial. Le gustaba lo de artificial pues, aplicándolo a las rosas, éstas, las artificiales, tienen casi tanto predicamento y aún más que las auténticas. Y, lo más notable, empezó a enamorarse de Lalín, y tuvo celos, pues le prohibía que hablase con los hombres de edad, demasiado obsequiosos, y tuvo un corazoncito poético, de enamorado, pues para que su preciosa Lalín no tuviera añoranzas del circo le montó en el dormitorio un trapecio. En él, ella se balanceaba antes de caer para siempre en el pozo de orgasmos de aquel hombre tan importante y tan generoso. Se les veía felices; él, más portugués que nunca, y ella, para mantener vivo el ardor de un caballero tan distinguido, siempre dispuesta a jugar con un aro, una muñeca o un diábolo. De noche, en un salón arreglado tal como si fuera el carromato de un circo, jugaban los amantes a poner en orden el álbum de cromos de la preciosa Lalín. Esta actividad levantaba los ánimos de don Manoel; entonces, dejando un caos de estampitas repetidas y no repetidas, se abrazaban en el cuarto del trapecio y él le susurraba en voz muy baja: Eres una niña mala y precoz. A veces, simulaba darle tras tras en el culete, y las risas se prolongaban hasta el amanecer.

En sueños no eran felices, pues ella tenía horribles pesadillas en las que se veía caer desde un trapecio a una pista lejana hasta lo infinito. Por su parte, don Manoel creía hallarse nuevamente en prisión y esto le hacía despertar sobresaltado. En estas ocasiones, Lalín, que era práctica y elemental, le decía: No deberíamos cenar. Pero cuando al día siguiente él ponía en práctica el consejo, ella refunfuñaba tanto y tanto que volvían a las comilonas habituales.

Lo que más le gustaba a don Manoel era gozar con los equívocos que provocaba en algunos ver a un hombre afectado y con pinta crapulosa hacer la corte a una niña vestida de inglesa del XVIII. Y cuando un cliente, en plena indignación moral, llamaba a la policía de las buenas costumbres, y ésta se disponía a intervenir, la exhibición de los pasaportes, la proximidad a la pareja, su evidente ancianidad, sin ser preciso recurrir a datos oficiales en búsqueda de minorías de edades ultrajadas, acababa en broma —para satisfacción de los amantes— el, para otros, enojoso asunto.

Mas no siempre se podían construir historias vertiginosas con los personajes de *La sirena*. Algunos habían rendido ya todo lo que parecía ser parte de su misterio. Debo confesar que no me sustraigo de inventar —creo haberlo dicho— aventuras y extrañas costumbres, locuras y perfiles infrecuentes de comportamiento a personas a las que conozco sólo de haberlas visto una vez. Pienso que todo personaje presenta, como la luna, sólo una de sus caras, la otra es preciso descubrirla, o lo que es más interesante, intuirla, crearla hasta el extremo de que el creador caiga en su propia trampa, de tal modo que si alguno le preguntase por aquél a quien no conoce, él contestaría, de inmediato, dando cuenta, como algo cierto y comprobable, de lo que sólo es una historia improvisada en una pausa de inapetencia creativa. Un día llegué a proponerme un límite y construí este lema: Escribir o inventar. Sin darme cuenta de que la dedicación a la literatura no iba a ser bastante, que la otra loca, la pequeña imaginación, seguiría empeñada en construir biografías casi siempre heroicas o pasionales a gente que nunca llegaría a conocer.

Peter y Diana habían agotado todas sus posibilidades: Son como minas muertas, demasiado explotadas. Max, el perro simpático, había sucumbido —era un rumor que me he negado a verificar— ante la hambruna de los hidrófobos. De sus dueños ya nada podía ofrecerle a Cristina. Peter era un personaje repetido, siempre justificando un acto de cobardía; y ella, por la que tan atraído llegué a sentirme, se había desvanecido ante el poder de la mujer a la que amaba. Desprovistos de leyenda, perdida la condición mítica, eran sólo el recuerdo borroso de una pareja que vi una mañana jugar con un perro antes de que un avión y su piloto cayesen al Mediterráneo, víctimas del disparo de un cañón antiaéreo de factura anticuada. Justo es decir que tampoco los jóvenes ingleses estaban muy comunicativos, sabían de mi evidente pasión por Cristina, y Cristina —cosa extraña— empezaba a convertirse en un valor en baja.

La crisis social de Cristina se debía más que nada a las murmuraciones, injurias y calumnias (de todo había) que Harpo propalaba por las villas del Peñón. El despido de Warszawa House, tan comentado entre los nativos y los extranjeros de un lugar pequeño pero muy intenso, no podía soportarlo el médico. Se hacía necesario contar una versión propia en la que la conducta correcta, el recto proceder, le correspondiera a él mismo. Conocedor de las singularidades e intereses que habían rodeado el matrimonio de Cristina, decidió presentarla como una *parvenue* intrigante, capaz de venderse a un inglés sin más mérito que el ser un carnicero a gran escala: Ahí tienen una prueba, o es que no recuerdan ya los adornos de pésimo gusto de la Villa en la fiesta del fuego. ¡Una Rypin de tres al cuarto!, bramaba para que sus insultos se colasen en todas las casas, en todos los oídos de aquel vecindario incapaz de tirar de la cisterna y dejar en el olvido de los mares sin memoria las heces de aquella mente enferma. Y, cuando acababa de presentar a Cristina como una intrigante que todo lo había conseguido gracias al matrimonio y posterior divorcio de un marido al que había traicionado sin miramiento, empezaba con la historia de la anciana señora a la que no dudaba en presentar como una celestina vendedora de hímenes: Aquí tienen una lista de gente de la mar, zafios pescadores que esta mujer ha metido en su ancianidad. Véanla, sentada en una butaca con un orificio, retrete vivo de su propia mierda.

Cuando advirtió en cierta ocasión que lo estaba oyendo, al verme abalanzarme sobre él empezó a gritar, voz descompuesta en la que el miedo deshacía sus ecos atiplándola, dándole feminismos de histeria, defensa de un inconsciente para, como así fue, conseguir una pronta intervención de terceros. Me juré partirle la cara.

Contribuía a la difusión de aquellas leyendas el aburrimiento de una sociedad esencialmente frívola. La guerra y sus batallas, las conquistas de este o aquel bando habían llegado a provocar una verdadera inflación en las noticias con menoscabo de la curiosidad de los lectores, y los demás asuntos, los de vecindario, incluidos los chismes de *La sirena*, venían ya provistos de los resortes del desinterés. La gente necesitaba creer en las perfidias ocurridas en el ámbito, nunca abierto del todo, de Warszawa House. Y Cristina empezó a ser odiada, y se puso de moda tratar de ella con desprecio. Más que a la presentación, la gente tiende a adscribir su fe a los fenómenos de representación. Cuantas veces me he referido a este modo de ser he acudido a un ejemplo. En una de las viejas villas del Peñón vive una señora que tiene una especial inclinación por las cosas que no son lo que debieran ser, sino imitación de ellas mismas. Esta señora se ha enriquecido con el comercio de productos de primera necesidad. Es, en cierto sentido, una nueva rica. Su jardín comprende una amplia extensión de terreno de una singular belleza. Ha tenido el capricho de mezclar la tierra con cantidad de cascotes de cerámica vidriada y también de loza tradicional de brillantes colores. Visto el jardín, desde la carretera, tiene aspecto de feria terrenal, de decorado de mal gusto, de cursilería. A juego con el jardín ha «sembrado» cantidad de flores de exagerado tamaño e inadecuación con los cánones propios de su especie. Se trata de flores artificiales realizadas por los presidarios de una cárcel no demasiado lejana al Peñón. Nunca deja de ser del todo primavera en este jardín que es guardado por un viejo jardinero al que la señora ha convencido de tener un tesoro bajo su cuidado. El jardinero deberá abstenerse de sembrar vegetal alguno, tampoco podrá regar unas plantas que el agua deformaría en un minuto (cuando llueve, la propietaria de este edén vuelve a plantarlo con idénticas flores logradas de los mismos presos), su papel debe reducirse a impedir que nazcan y crezcan verdaderas especies vegetales. La escenificación de la primavera acaba, en este caso, siendo más importante que la primavera misma.

La pintora ciega rompió el equilibrio al que sometía sus confidencias; es decir, ya no distanciaba una información de otra, ni ocultaba las cartas venenosas tras palabras amables. Quiso ser cruel y lo consiguió. Fuera de lo que en ella era costumbre prescindió de hablar de la pintura y de imposibles exposiciones abstractas: Lo peor de esta mujer no es la traición, sino el haber dado hijos a Wylville Masterman sabiendo que los había concebido con William Burker. Y para ensombrecer aún más la imagen de Cristina añadió, mientras su mano insegura buscaba el ajenjo por la mesa: Wylville siempre lo supo, mas prefirió silenciarlo en el divorcio. Hoy, ya sabe, se muestra, al menos en lo económico, como un padre generoso.

Me levanté, la miré inútilmente con desprecio; en este caso, inútil mirarla así al ser ciega la persona mirada, y me dispuse a salir.

Fue la noche en la que los hidrófobos pasaron a la acción. Gruesas piedras chocaron contra los cristales de *La sirena azul* deshaciéndolos en polvo y añicos de una doliente transparencia; luego, uno de aquellos seres siniestros, que soportaba como un privilegio la humillación de un bozal, arrojó un objeto encendido en el salón. Los camareros lograron apagar el fuego. La gente, aterrada, abandonó *La sirena*. Fui cruel no ayudando a Lady Hermione Wilder Power, la vi caer, y no hice nada para socorrerla: Puede que no le guste que descubra su invidencia, pensé cínico.

Me llamó la atención que los judíos polacos, judíos alemanes, judíos rumanos y franceses judíos, permanecieran en sus puestos tal como si tuvieran un largo aprendizaje con el fuego.

Al regresar a la Villa comprobé cómo la policía, sin demasiado interés, disolvía aquella manifestación que, en grupos, nunca sé si de seis o siete individuos, formaban los hidrófobos en su noche perversa.

XXV

Pienso en un muchacho que a su vez piensa en su mejor amigo. Necesita hacerle saber hasta dónde llega su amistad y su capacidad de sacrificio por él. El muchacho que piensa es excesivamente imaginativo, esto le permite revestirse en un santiamén de caballero medieval. Su ropa es la misma que ha visto en una película del género. En este ejercicio de imaginación, el amigo pensante, que ahora es guerrero, cabalga por un espacio sin límites hasta llegar a un territorio cenagoso. Hay aguas traidoras, aguas capaces de arrastrar, a quien atrapa, a un fondo de barro y de tinieblas. En el montaje, es necesario que el otro muchacho, el pensado, aquél a quien se quiere demostrar nuestra consideración, esté en trance de peligro: a punto de perecer en las aguas pantanosas; sin embargo, todo está previsto y el caballero medieval desmonta de su cabalgadura y, vestido con el peso de la malla y el brillo de la coraza, se arroja al fango a salvar a su amigo. El deseo, asociado a la imaginación, le ha concedido un final feliz a esta historia. Los amigos se abrazan, y el salvador está emocionado, en su aventura ha podido demostrarle a su mejor compañero la «calidad» y «cantidad» de su afecto. Más tarde, el pensador imaginal, que también es reflexivo —desgraciadamente siempre a posteriori—, advierte la locura de su proyecto. Se da cuenta de que ha vuelto a caer en la trampa que su egolatría le tiende con demasiada frecuencia. Efectivamente, el papel de salvador no hay quien se lo discuta, pero para lograr la victoria él, sólo él, ha creado un pantano cenagoso, un riesgo, la angustia del que va a perecer y el horizonte de la muerte. Es decir, ha sido estúpidamente cruel con quien en verdad quiere, y sólo para demostrar su capacidad de lealtad y afecto. En este instante, el pensador deja de imaginar, se siente avergonzado y prefiere volver a la realidad que es darse una vuelta con el amigo, y, por ejemplo, ir al zoológico y allí, en una competencia delirante, crear, sin peligro para ellos, las cualidades propias de las fieras del zoo. Sería hermoso, vuelve a imaginar, que mi amigo y yo escribiésemos un bestiario en una época impropia de bestiarios, y al pensarlo excluye un factor: saber si a su amigo le seduce o no esta idea.

Algo similar me ocurría con Cristina en estos tiempos, en los que debía huir, no sólo de las calumnias de Harpo, sino también del efecto que éstas causaban en una gente que se había permitido la simulación de hacerse pasar por amiga. Y estaba indignado, dispuesto a defender el nombre de la mujer que tanto amaba, mas mi yo, posesivo, absorbente, despótico en el amar, parecía satisfecho de la actuación de Harpo, pues sus consecuencias hacían que Cristina dependiera cada vez más de mí, y también que, el territorio de mis celos, Warszawa House, dejara de ser visitado por extraños. Ya nadie podía sugerir a la anfitriona tal o cual loca idea relativa a las fiestas que deberían darse en esta o en aquella estación.

Y, aun ofendida Cristina, no por ello había disminuido en su actitud decadente. En estos días, Valentino había sido actualizado, la casa decorada de mil maneras, y ella misma, sola en la Villa, se hacía cambiar de vestido a cada momento. Cristina presentaba dos caras bien definidas en una misma moneda: una, la autenticidad en el dolor como madre que presencia el desvarío y mutismo de uno de sus hijos y debe soportar las afrentas del otro; y otra, la histriónica, permanentemente dispuesta a sorprender a todos, aunque esos todos no existieran.

Me gustaba encontrarme con ella en los pasillos. Era una experiencia nueva. El estado de ansiedad de Cristina le hacía deambular no sólo por los jardines, también paseaba por las galerías de la villa. Cuando ocurría alguno de aquellos encuentros en el interior de la casa, le abría los brazos y ella, de inmediato, como si viniera huyendo, se cobijaba en mi pecho. Allí permanecía unos minutos en los que la oía respirar profundo, tal si su paso viniera acelerado por alguna persecución, quizá imaginaria; al poco, sin decir palabra, se separaba de mí. En ocasiones, al andar por los pasillos lo hacía como si éstos pertenecieran a un buque, se la veía moverse con dificultad, apoyándose en las paredes desnudas (había hecho, para que el parecido con una nave de recreo fuera mayor, quitar los cuadros históricos de los corredores de la villa y sustituirlos por acuarelas de temas marinos). Fue entonces cuando empecé a entender su mundo lleno de confusiones. Le costaba trabajo deslindar ciertos aspectos de la realidad de los casi siempre teatrales de la irrealidad. Mas en Cristina, las contradicciones admitían, casi siempre, una explicación lógica. Es decir, si ella verdaderamente se sentía —y lo estaba— perseguida por Harpo y rechazada por un sector de la población del Peñón del Cuervo, nada de particular tenía que en todo actuase imaginalmente como una perseguida. Buscar una explicación a la transformación de la casa, especialmente cuando ella se movía por los pasillos y corredores de la villa, fue un poco más complicado, pero al fin pude dar con la clave. Estaba relacionada con la frase inoportuna que, en el papel de Ulises, le dije nada más conocernos. Ella, ambas Cristinas, la real y la imaginaria, tenían que dar una valoración satisfactoria, es decir, grandiosa, a sus propios problemas. El hecho de que —siendo una persona que todo lo ha sacrificado a favor del beneplácito social— se viera de pronto marginada por una gente que, sin merecerlo, ella veneraba; el ver a uno de sus hijos sometido a la inmovilidad de la catatonia y al otro huyendo y antes agresivo con su madre, debía de ser enloquecedor por lo desproporcionado e insólito del caso. Sólo en el mundo trágico de lo griego y los mitos podía hallar actitudes parecidas. Y se pensó Ulises, el primer Ulises femenino de la historia. Un Ulises sin puerto y con el equivalente masculino de una Penélope distante y borrosa.

Nada más conocer sus pensamientos quise ser el puerto y el que espera en Ítaca, paciente, a la que debe regresar, rechazando cualquier otra oportunidad de vida. Decidí forzar mi papel en la casa y ocupar, en tanto se solucionaban uno a uno los problemas que acuciaban a Cristina, mi lugar en sus noches y en su lecho. Antes de que ella pudiera decir nada la tomé fuertemente por las muñecas y, sin mirar el hueco antes ocupado por los cosacos, entré con ella en su habitación. El lenguaje equívoco de la primera vez adquirió carta de naturaleza:

—Temo —exclamé con voz pastosa, casi imitándome a mí mismo en ocasiones de cierta gravedad— que los vientos no nos sean propicios.

Antes de decirlo estuve dudando, quizá fuera preferible decir la oración en sentido contrario: hablar de vientos propicios; mas en este caso la presencia de Ulises hubiera sido inútil. De la otra forma, de la manera dicha, Ulises, es decir, yo, me revestía del carácter imprescindible para una navegación digna de la Odisea. Estaba decidido: debía luchar desde el mito contra el mito.

XXVI

Donde verdaderamente se descubría la inmovilidad era en la mirada de Remo. La falta de movimiento se hace quietud en la catatonia, pero la mirada del esquizofrénico, aun fija en la búsqueda del vacío, da la impresión de vida en suspenso. Todo Remo me sugería estar ante un ser humano en el trance inicial de hacerse fósil, la mirada era otra cosa. Tenía la impresión, al observarlo, de que tras aquellos ojos hubieran levantado un dique para contener un vivísimo océano.

Nos habíamos acostumbrado no sólo a esperar el término de la guerra, sino también nos habíamos familiarizado con este inmóvil al que conducíamos de un lado a otro como si se tratase de un precioso *bibelot*. Por mi parte gustaba de colocarlo al pie de las copas de los árboles del jardín, apoyado en el tronco del árbol elegido, tan sólo envuelto en una sábana. Al obrar así me parecía hallarme ante un joven Buda a punto de descubrir las penalidades humanas y la compasión. También debo reconocer que, en mi caso, lo sorpresivo venía atenuado por mi experiencia adolescente con el joven Freud. Cristina solía angustiarse con frecuencia ante la rigidez de su hijo, yo sólo me angustiaba asociando su situación con la de Freud. Mi miedo radicaba en que cualquier día recuperase Remo el movimiento para no incorporarse a esa cualidad que hemos dado en llamar cordura, sino para deslumbrarnos con una personalidad enfermiza y extraña como la del loco, dispuesto a ser policía por la imperiosa necesidad de apresar a su familia.

A veces, Valentino lo tomaba en brazos y lo llevaba al sitio donde la anciana señora ensayaba otra clase de quietud, la confusión que precede a la muerte. Colocaba al niño sobre un taburete y lo desnudaba para que la abuela pudiera contemplar las nuevas formas de belleza que la enfermedad trazaba sobre el cuerpo del muchacho. Si Valentino hubiera sido un hombre culto, de inmediato hubiera hecho un sinfín de referencias en torno al Greco y a la carne que, por sí misma, decide tomar el camino, no siempre claro, que cruza la ascética con la mística. Era el cuerpo de Remo de un azul pálido, un celeste de intensa claridad y de un gran poder de seducción, tanto que la anciana no podía dejar de extender una de sus manos temblorosas hasta llegar a rozar, sólo eso, la piel cerúlea del jovencito, después venía la confusión: unas veces rezaba imitando correr las sartas de un rosario principesco; otras, se limitaba a llorar con lágrimas que, más que con el arrepentimiento por una vida llena de anécdotas carnales, tenían que ver con la emoción trascendida al contemplar la belleza infrecuente. Aquella mujer que había gastado todas sus palabras en el amor primero y, ya anciana, en remedarlo con gente ocasional, llegó a exclamar: ¡Es tan hermoso! Cristina tuvo que intervenir cortando toda posibilidad de visita del enfermo a su abuela.

El comportamiento de la anciana señora, la unción con que trataba al muchacho, tuvo una cierta influencia en la villa. Era como si a la anciana se le concediera autoridad suficiente, sólo por su clase social, para entender mejor que médicos y cirujanos lo que le ocurría a su nieto. Hasta Valentino, cuando lo transportaba de un lado a otro de la Villa, lo hacía con especial respeto tal si estuviera procesionando un icono sagrado. Poco a poco, el asunto desbordó su misterio, de tal modo que los sucesos de la casa se producían en la singularidad patológica de la histeria colectiva.

La más osada de todos fue la cocinera. Cristina empezó a tener sospecha de la actitud penitencial adoptada por una mujer hasta hacía muy poco de costumbres licenciosas y de gestos descarados. Así que decidió observarla, y grande fue su sorpresa cuando una noche la vio abandonar su dormitorio para dirigirse a la habitación de Remo, y al poco salir con el muchacho en brazos. Así lo llevó a la cocina. La mujer dispuso sobre una mesa una especie de altar, usando a tal fin un lujoso mantel y encendiendo velas hasta organizar una luminaria de consideración. Hecho esto, lo colocó en el centro del altar, luego se arrodilló ante el muchacho y empezó con unos extraños rezos que culminaron, en el orden penitencial, con una autoflagelación. Cristina, interrumpiendo aquella loca liturgia, ordenó a la mujer que preparase su baúl para abandonar la casa una vez hubiera amanecido.

Tanto alboroto y tanta histeria distraía a Cristina en nuestros encuentros. Ya no éramos como océanos que mezclasen sus aguas, ni yo me sumergía en su cuerpo ni ella nadaba en el mío. Ambos nos sentíamos obligados a estar atentos a cuantos sucesos iban ocurriendo en torno al joven esquizofrénico.

Sin darnos cuenta, el invierno había transcurrido entre nosotros sin más noticias de Rómulo que murmuraciones que decían haberlo visto unido a aquellos extraños hidrófobos de los que nunca se llegó a saber, con precisión, cuál era la índole de su mal, y quién o quiénes les imbuían aquellas consignas destructivas a la vez que los organizaban. Nadie acudía a la villa, y ello hacía que nuestras relaciones adquiriesen valor de primer argumento. Sólo podíamos comentar aquello que ya sabíamos y nada que no hubiera ocurrido entre nosotros tenía cabida en nuestras conversaciones. Nos quedaba, eso sí, recurrir al pasado, contar, intercambiarnos la historia personal, algo igualmente imposible, pues tenía el convencimiento de que, de hacerlo, Cristina se hubiera movido en un mar de confusiones. No estaba a bien con «sus otros tiempos» y evitaba cualquier referencia de ellos ante mí. Tampoco quería tratar de su adolescencia. La sabía, si no mentirosa, al menos creadora de realidades acomodaticias, en cuyo horizonte una niebla densa no llegaba a ocultar la incorrección, ligereza e indignidad de muchos de sus actos. La amaba y ella tenía que ser forzosamente para mí la encantadora joven (ya no demasiado joven) condenada a vivir con los suyos, en una Europa beligerante, la tragedia del exilio. De tantas limitaciones en nuestras charlas, terminamos por ser dos figuras inciertas, sin más tema de comunicación que los comentarios que surgían al paso de la lectura de la prensa. La visita del General empezó a ser tediosa, la virtud esencial de las matemáticas, la elegancia, no parecía ser suficiente sustitutivo para la monotonía de Warszawa House.

La pasión, sí. Al menos por mi parte el deseo de estar con Cristina, de hacerla mía, de sentirla, era motivo más que suficiente para permanecer en la villa abandonada. Llegué a pensar en construir un sistema de tácticas y estrategias para seducir a una mujer dispersa; y hasta me propuse escribir un pequeño tratado, al modo oriental, sobre el asunto. En él sería el amante como un entomólogo que buscase siempre al mismo insecto, sólo a ése.

Respecto de Cristina, me era difícil averiguar las intimidades y los secretos de su estado anímico. Llegar a saber lo que verdaderamente significaba yo para ella era imposible. En los inicios de la primavera, me pareció advertir en Cristina el deseo de querer experimentar con Remo nuevas técnicas para sacarlo de su mundo lejano. Una mañana me pidió que tomase al muchacho y lo llevase al jardín, que repitiera ante ella mi juego del pequeño Buda, así que coloqué a Remo bajo un cerezo japonés en plena floración. Al hacerlo pensé que quería resaltar la belleza de su hijo enfermo incorporándolo a un ambiente natural de cierta armonía. Me equivoqué.

—Es necesario que este ser maravilloso perciba que no está solo, que, en los límites de una percepción cuyo alcance desconocemos, sepa, a su manera, que otros iguales a él le acompañan. Lo he pensado durante todas estas noches en las que no te he seguido como hubiera sido tu deseo. Mi propuesta es muy sencilla: debemos permanecer nosotros también inmóviles cerca de Remo.

No tuve valor para disuadirla de la realización de unos actos que en nada iban a remediar al enfermo. Yo mismo, en mi adolescencia, había actuado de forma parecida con el amigo que ahora, loco, corría por las arenas del Peñón como si cruzara un desierto mágico.

Fuimos, primero, un grupo formado por un adolescente, un hombre y una mujer; poco a poco, tal si se cumpliera un rito o una plegaria colectiva, los de la casa, Valentino y las muchachas se unieron a nosotros. Pasábamos horas y horas inmóviles, sólo inmóviles. Una mañana, el criado trajo al grupo a la anciana señora en su silla de inválida.

Debíamos componer una figura trágica. Los que pasaban delante del jardín se conmovían al vernos de tal manera que, al poco, durante las horas del «ejercicio», fueron muchos los que se nos unían para permanecer inmóviles, y nos imitaban sin entender los motivos que nos habían llevado a tal decisión.

Fue una primavera singular. Cristina, novicia de un culto carente de deidades, volvió a apartarse de mí. Pienso que, aunque no lo reconociera, le agradaba su poder de convocatoria, y así pasaron los días hasta que, terribles, con sus gritos odiosos, aparecieron los extraños muchachos. Maltrataban a los reunidos fuera de la villa y apedreaban la fachada de la casa. Entre ellos, ya sin duda, Rómulo parecía el más agresivo.

XXVII

No siempre la adversidad se hace preceder de signos terribles ni hay señales que anuncien las tragedias. Las más de las veces la misma luz, el mismo sol y la brisa moviéndose apacible son elementos comunes, mejor, indiferentes, a la miseria y a la fortuna de los hombres. Sólo los clásicos, en la brillantez sonora de sus dramas, complican a la naturaleza en asuntos humanos. Mas, cuando miramos el ayer, y lo hacemos sin rencor, echamos de menos un signo, una advertencia, o, al menos, un aviso que, previniéndonos, hubiera hecho las horas amargas, por ya anunciadas, más llevaderas.

Debí extrañarme del cambio que se operaba en la casa, extrañarme de que Cristina se me negara como mar, y también debí sobrecogerme ante otros signos menores: la presencia de unas maletas que nunca había visto antes o la textura infrecuente de unos sobres. Curiosamente, las maletas llegaron a la villa y nadie pareció querer saber de ellas.

Sé que nada fue improvisado, que ciertas voluntades se aliaron para conspirar contra mí o contra nosotros en aquel aislamiento al que una sociedad caprichosa, y de marcadas perversidades burguesas, nos había reducido.

Debería bastarnos con el mar, le susurré en una ocasión a la mujer tan amada, y ella me apartó con un gesto histriónico, como si al decir mar me estuviera refiriendo a su cuerpo, a ella misma y al entusiasmo navegante que en mí despertaba. Y no era así. Yo sólo quería decir mar.

Llegué a proponerle a Cristina que saliera de sí y de la villa, que me acompañase en los nuevos paseos que me proponía dar por los sitios de siempre, pues, aun conocidos, le juraba que al menos para ella serían nuevos. No hubo respuesta. Se acercó a uno de los ventanales que hacía de mirador en el estudio, abrió de golpe las maderas y dejó que el aire la tomase. Fuera, las gaviotas —al menos eso me pareció— sugerían perros del mar ladrando a un viento sobre el que se recortaba el desnudo de Cristina.

En esos días —quizá ésa fuera la señal que no llegué a entender— llegaron a la villa noticias tristes. El joven Chino había abandonado el Peñón. Su marcha, me dijeron, aumentó las murmuraciones a las que siempre fue ajeno. La misma mañana que partió se bañó desnudo y nadó hasta el peñón; ya en él, con facilidad ascendió hasta llegar a la cumbre. La gente sólo vio la sombra de un muchacho que simulaba volar. Sólo la sombra. Entendí que el hombrecito, que había hecho de su existencia un poema, había elegido el momento en el que, forzosamente, todo él sería un eclipse, un contraluz.

Así —decían los mismos murmuradores— estuvo algún tiempo, tanto que algunos, en vez de hablar de movimientos alados, dijeron que danzaba. De pronto descendió con la misma agilidad con la que había ascendido y ya en la playa, desnudo, se dirigió a su villa. Imagino que las denuncias por tanta osadía debieron ser muchas e insistentes, mas cuando la policía, los agentes al servicio de una moral que les obsesionaba, llegaron a la casa, el joven amarillo había abandonado la residencia.

Partió —siguieron diciendo— en una moto rusa, roja como la sangre, con un sidecar. Su criado conducía velocidades y filigranas de polvo y arena en el aire. Él, hierático, se limitaba a mirar al punto donde algunos dicen que se ha escrito la palabra destino. El país lo abandonó en un biplano pintado de sombra y plata. Lo demás fueron las historias de siempre, que si era un pobre desdichado, el amante de un empresario en perfumes orientales, que si se trataba de un trapecista muy ágil que, tras años de abandono de un circo al que había sido vendido, volvía a él.

Al atardecer, uno de sus criados llegó a Warszawa House. Ascendió hasta la villa con dificultad, fuera de lo que era costumbre en esta gente caminaba descalzo. Cuando Valentino le abrió la puerta se inclinó, tal si lo hiciera ante un mandarín, y le entregó un paquete, una forma geométrica envuelta en seda amarilla. Pese a conocer a Valentino, lo trató reverente para decirle que debía entregarme aquel objeto, que era un regalo de su señor. Cumplido el encargo recuperó la naturalidad, se calzó y, ya familiarmente, le explicó a Valentino que él también abandonaría el país esa misma tarde.

No quise abrir el paquete, sabía su contenido. De nuevo el presentimiento actuaba inequívoco. Cristina sí se sintió intrigada:

—¿De qué se trata, querido?

—De un juego de ajedrez.

Y, al no insistir, no me vi obligado a mostrárselo. Sabía que ese objeto ya, siendo en apariencia el mismo, era otro. El ajedrez de mis días lejanos a la villa permanecía en el estante borroso y deformador donde la memoria sitúa los elementos ambientales y los transforma en signos y símbolos de la nostalgia y la melancolía.

Siguieron llegando noticias perturbadoras y nuevos paquetes, y en la villa se hablaba insistentemente de un nuevo huésped. Llegué a inquietarme. Sólo sentía celos de la Cristina que no había conocido, del tiempo irrecuperable.

Para serenar una angustia que empezaba a dibujarse, confusa, en mi ánimo, decidí actuar respecto de Remo. Aquella inesperada resolución me parece hoy miserable, pues creo que, más que preocuparme por la salud del muchacho, mi intención última era evitar que tuvieran que llevarlo a Londres. Ingenuo de mí, me propuse recuperar su equilibrio mental sin necesidad de abandonar la villa.

Solía observarlo en su quietud y llegué a la conclusión de que era necesario volver, si no a la causa inmediata al trauma, a un análisis de su comportamiento y de las rarezas compartidas con el hermano con anterioridad a la ruptura. Era necesario replantearse el porqué de aquella necesidad de estar ambos gemelos en una constante representación. Sabía —lo habíamos comentado en demasiadas ocasiones, y sobre ello Lady Wilder Power me había advertido en una de mis visitas a la villa— que Remo no tenía conciencia del yo, y que toda personalidad debía lograrla de la contemplación de su hermano. Pero, ¿cómo lo hacía? La respuesta era simple, Remo se afianzaba en el otro de una manera barroca, indiscutiblemente litúrgica, pero desde un rito dominado por la vista. Luego intervino el tacto y el acuerdo entre los gemelos se deshizo de una manera trágica. Por consiguiente —estaba yo dispuesto a curar al muchacho con la sola ayuda de la lógica— se hacía preciso retornar a los instantes de la dicha, a los juegos felices del mirar y ser mirado.

Sin ni siquiera decirle nada a su madre, una tarde, después de los ejercicios de quietud en los que tanta gente participaba, una vez solo Remo volví al árbol a cuyo pie solíamos situarlo. Le pasé la mano por el rostro para apartar de su cara la insistencia de algún insecto o el descanso de una hoja al caer, y puse ante él el remedio.

El espejo es un peligro y también una solución. Siempre he pensado que el espejo, como símil de lo infinito, no sólo es el principio de todo conocimiento, sino también una representación eficaz de los contrarios, pues, siendo más que nada indicativo de la filosofía pura (cuántas veces me he preguntado: ¿Qué refleja un espejo ante otro espejo?, o ¿qué hacen cuando nadie los mira?), también lo es del pensamiento erróneo: el espejo es el otro, si no lo fuera no sería espejo, sería espejismo, que es tanto como decir sofisma del espejo.

Lo había tomado del tocador de Cristina, su luna veneciana lo hacía más luminoso; el marco de plata estaba obrado en las líneas farragosas de un arte decadente, de ésos que en lo decorativo marcan una pausa a las grandes creaciones. Lo coloqué frente a la mirada perdida de Remo, y esperé. El tiempo se hizo lento y espeso, como si hubiera adquirido la medida que sigue en los laboratorios al esfuerzo de los experimentos decisivos. Nada sucedió. Me armé de paciencia, estaba seguro de que toda investigación tiene una respuesta en principio titubeante. Y también adquirí, allí fijo, un aire de enfermiza catatonia. Nada pasó esa tarde, pero volví a repetir el experimento en otras ocasiones.

Al fin me pareció descubrir una luz en la mirada del muchacho, cierta sorpresa. ¿Y si en vez de reconocerse, me pregunté angustiado, cree estar frente a un Rómulo observador y vengativo? No hice caso del riesgo que yo mismo presumía y continué con el experimento.

Algo ocurrió. Siempre he pensado que Remo, como esos pequeños mamíferos que, colocados ante su propia imagen, intentan descubrir lo que hay detrás del espejo de una manera sencilla y elemental (es decir, no filosófica, no pretendiendo buscar otras realidades o falsas presentaciones de la misma realidad), movió uno de sus brazos, extendió la mano y deshabituado a todo ejercicio, por error golpeó el objeto que le impedía contemplar el otro horizonte, y el cristal, al caer repentino, se hizo añicos entre las piedras del jardín.

Su voz, a la que tan hecho estaba, sonó de una forma distinta, con un registro impropio. Pareció resonar entre los fragmentos del espejo esparcidos alrededor del árbol en composición de infinitas y fáciles metáforas. Había una mezcla de sorpresa e indignación en su voz. Jamás Cristina se había dirigido a mí de este modo. Las palabras perdían, ante el poder y la fuerza de la voz, toda importancia, y no porque la sonoridad se hubiera hecho grito, sino porque, inesperado, advertí que ella siempre me había hablado en susurros. Nunca había oído de ella una expresión con la fuerza que da la decisión al aliento expresivo.

No decía nada, ni siquiera se sorprendía de mi actividad con su hijo. Desde luego, el espejo, su ruptura, no tenía más importancia que las supersticiones que se le atribuyen. Creo que estaba convencida de que obraba a favor del niño; no obstante, su indignación y las palabras que pronunció más serena, me hicieron ver el asunto de la salud de Remo como algo ya decidido.

—Remo volverá a ser un muchacho saludable (odiaba la palabra normal y más aún su antónimo) en Londres. Esta guerra absurda está en sus últimos acontecimientos. Te lo ruego y te lo exijo como madre. No vuelvas a ocuparte del niño.

Pretendí hacerle comprender que la experimentación daba resultado y (aunque no estaba seguro de ello) que me había respondido al intentar aproximar su mano a su reflejo. Después ella me abrazó y se apretó fuertemente contra mí y me dejó una huella de calor en los labios con un beso que, sin embargo, no abrió, como esperaba, las puertas de sus habitaciones a mi deseo. Entonces, ya tenía la certeza de ser un extraño en la villa.

Al anochecer de ese mismo día apareció el huésped. Oí desde el salón los pasos diligentes de Valentino, denotaban prisa y solicitud. Fuera quien fuera el huésped, Valentino estaba advertido de su llegada. Qué pensará el visitante de este pobre muchacho disfrazado de ídolo del cine. No podía dejar de recordar mi primera visita a Warszawa House. Al poco, Cristina se unió a mí en el salón. La vi serena, vestida con sencillez y tal si estuviera dispuesta únicamente a cumplir con el papel social de anfitriona.

El hombre entró resuelto. Lo miré con un rechazo instintivo. Éramos en todo contrarios, él tenía aspecto de ser un joven muchacho inglés que uniera a las prácticas deportivas un interés relativo por todo, un interés que nadie calificaría de humanista pero tampoco de simple curiosidad. Su aspecto era parecido al de ciertos diplomáticos, pero —más tarde lo comprobaría— con mayor espontaneidad en cuanto hacía, y cierto cinismo que pretendía ser conquistador y a la vez distante. Yo, en cambio, creo que puedo pasar por un mediterráneo puro, si es que hay mediterráneos puros. De inmediato sentí que cierto antagonismo nos separaba, y eso sin sumar a mi rechazo la indignación de ver a otro hombre en un territorio que sentía mío. En Warszawa House eran más frecuentes las visitas masculinas que las femeninas, pero se trataba de otro tipo de hombres.

Cristina fue hacia el recién llegado. Éste, inclinándose, le besó primero la mano para rozarle de inmediato la mejilla con la suya. Después ella, dirigiéndose a mí, dijo muy rápida:

—Te habrá sorprendido el parecido de Jeremy con William... —se interrumpió para de inmediato corregirse—. Qué estúpido error he cometido, cómo vas a verificar un parecido entre dos hermanos cuando a uno de ellos no llegaste a conocerlo.

Y volviendo a dirigirse al recién llegado le explicó:

—Precisamente nuestra amistad (se refería a ella y a mí) tuvo lugar en el sepelio del pobre William.

Y, tras pedirnos perdón por hacer mención en un momento de bienvenida a la muerte de alguien muy querido, alabó la delicadeza que yo, ajeno a la colonia extranjera del Peñón del Cuervo, había tenido al asistir, en solidaridad, a un acto del que parecía no se iba a dejar de hablar.

Valentino entró con el solo propósito de servirnos un jerez, y ya todo se hizo monótono y también tenso y difícil.

XXVIII

Fue mi último amanecer en la villa. Desayuné sin ni siquiera descorrer las cortinas, es decir, me desentendí de lo exterior, del espacio verdadero, aquél en el cual la luz parece nacer únicamente para reflejarse en lo azul. Ahora sí, ahora se acumulaban los signos que avisan a los mortales de la proximidad de los días adversos. Fue un aviso vano, la carta que llega después del remitente que anunció su venida.

Lo reconozco, en mis relaciones con Cristina actué cínicamente, es ésta una expresión con la que intento encubrir la falta de dignidad, de respeto a mí mismo con que me conduje, pero, insisto, no es fácil domeñar las pasiones ni someterlas a reglas, ni siquiera a aquéllas que marcan los territorios del amor. Con Cristina llegué a ser indigno, y lo fui solapadamente, quiero decir, de manera tal que, siéndolo, ella no lo percibiera. Sabía que esta mujer, la extraña mujer de mis años de juventud, no me hubiera perdonado una conducta de reconocida tolerancia a sus veleidades. Cristina, tan ajena a la moral (detesto la calificación de amoral) era, por el contrario, muy estricta con el modo de proceder de quienes participaban en su intimidad.

Y en estos momentos estaba hablando con alguien venido de ese territorio prohibido para mí, su pasado. No tenía dudas de las relaciones que había mantenido con William Burker; y es más, tenía la certeza de que los gemelos de nombres latinos eran hijos del aviador que había visto caer de un disparo insensato en el Mediterráneo. La presumí también infiel y deshonesta con un tal Wylville Masterman a quien, por codicia, había hecho su marido para luego despojarlo de parte de sus bienes; e imaginaba, calenturientamente imaginaba, que con Jeremy, Cristina evitaría alardear de las hazañas y gloria de la familia Rypin, y que tampoco le agradaría mencionar el nombre invicto de aquel general, Stanislaw Rypin, que se decía desaparecido en las fosas de Katyn, porque podía jurar que la fosa de su miseria, no de su muerte, se hallaba a las orillas de la vida perdularia de un París que empezaba una vez más a cambiar de imagen.

En aquella nebulosa de certezas y dudas de pronto descubrí un fallo. ¿Cómo era que Jeremy, el gemelo terrible de los Burker, surgía con un aspecto de serenidad y calma del todo imparecido al dibujo que de él me había hecho Lady Wilder Power?

No fue necesario profundizar en este dilema. Cristina, en una sola ocasión, durante la cena, quiso equivocarse. Al dirigirse a Jeremy, fría y desafiante, lo llamó William, a la vez que, con una dulzura de la que yo había gozado en otros momentos, le indicaba la necesidad de prepararlo todo para un inmediato regreso a Londres. Era imposible desconocer la intención previa a su equívoco. Al llamar a Jeremy por el nombre de su gemelo estaba subrayando el amor que había tenido y aún sentía por éste, una pasión que podía prorrogarse en su réplica, Jeremy, liberada ya, por la muerte de su hermano, de tenerse que buscar en otro.

XXIX

Derribos, solares nacidos atropelladamente de las ansias especulativas, ignorancia del pasado y de sus señas de identidad. El Peñón de Cuervo hoy está reducido al anecdotario de unos pocos y a la fortuna de algún coleccionista de tarjetas postales. Es la ferocidad con la que el hombre sustituye sus modas y sus estilos. Curiosamente, el presente tiene una especial y amarillenta añoranza por el ayer, quizá sea ésta la razón por la que hoy tanta gente me pregunta por los viejos días. Ya no sé si lo que cuento, lo que digo de ayer, es verdad o mentira. Me temo lo peor. Me es difícil repetir palabra por palabra el pasado, prefiero inventarlo en cada ocasión: la técnica adecuada para mantener secreta la memoria de lo íntimo, abierta sólo a estas páginas.

Parece excesivo decir cumbre al hablar del Peñón del Cuervo, sin embargo, un personaje nacido de esa geografía incierta, lo multinacional, ha instalado en la cima del Peñón un restaurante para entretener el ocio de la marabunta de extranjeros que nos visitan en busca de los beneficios de la industria del sol. Una idea surgida muchos años después de la guerra. Un fondo de suaves melodías (el hilo musical siempre es más económico) intentará conmoverlos con la vista del desaguisado arquitectónico que devora la gracia natural de un pasado que empieza a desdibujarse en la desmemoria. La silueta de un cuervo recortado en metal quiere ser algo más que un elemento decorativo.

No he vuelto a soñar. A veces, de noche, el territorio de los sueños lo habito con un inventario de personas y objetos que fueron protagonistas en mis años de juventud.
Frecuentemente se confunden en mí dos imágenes: una, la de la muchacha de la playa y nuestra salvaje impericia en el descubrimiento del sexo y sus pasiones; y otra, la sofisticada relación con una mujer con la que me sentí ligado de una manera extraña y en un ambiente fin de una época.

La locura mantiene a los enajenados permanentemente jóvenes, al menos en el caso de Freud. Hay días en los que, como en los tiempos de su primera demencia, permanece quieto, clavado junto a mí en un mutismo que me es grato. Cuando esto ocurre, también yo guardo silencio y permanezco inmóvil. Freud habla ahora menos de la silla eléctrica, una amabilidad de su parte en homenaje a una nueva amistad, un muchacho inglés, un psicópata de cortos vuelos y escasa peligrosidad cuyo único terror (núcleo de su locura) es morir ejecutado por cualquiera de los sistemas y aparatos a disposición del tramo final de esa máquina que llamamos Justicia.

Me es difícil comprender la mutación sufrida por aquellos muchachos horribles a los que llamábamos hidrófobos. Su situación actual, paradójicamente, es de gran arrogancia y tiene mucho que ver con las formas despóticas del poder y ciertas ideologías.

*Málaga, frente al Mediterráneo
y próximo al Peñón del Cuervo, abril, 1999.*